X 126 5.
D. d. 8.

MÉTHODE INGÉNIEUSE,

OU

ALPHABET

FRANÇAIS

SYLLABIQUE,

POUR APPRENDRE A LIRE EN PEU DE TEMPS.

NOUVELLE ÉDITION.

A CARCASSONNE,

Chez PIERRE POLÈRE, Imprimeur-Libraire.

1811.

NOus, ARNAUD-FERDINAND DE LA PORTE, évêque de Carcassonne, après avoir examiné le Livre intitulé : *MÉTHODE INGÉNIEUSE*, *ou ALPHABET FRANÇAIS SYLLABIQUE*, *POUR APPRENDRE A LIRE EN PEU DE TEMPS*, que le sieur *POLERE*, imprimeur de cette ville, se propose de réimprimer, Avons permis (pour ce qui Nous concerne) audit sieur *POLERE*, de réimprimer ledit Ouvrage, à condition que ladite permission, signée de Nous, sera imprimée à la tête du volume, et qu'un exemplaire sera déposé à Notre secrétariat, d'après la décision de S. Exc. le Ministre de l'intérieur, relatée dans une lettre du Conseiller d'État directeur général de l'Imprimerie et de la Librairie, en date du 27 novembre 1810.

Donné à Carcassonne, le 30 mars 1811.

† A. F. Évêque de Carcassonne.

AVIS

AUX INSTITUTEURS.

————•••••••••••••————

LES premières difficultés qu'éprouvent les Élèves qui veulent apprendre à lire, c'est de pouvoir distinguer combien il y a de syllabes dans un mot, et combien de lettres il faut pour composer une syllabe. Ces difficultés sont d'autant plus grandes, qu'on ne les peut d'abord surmonter, ni par les lumières de la raison, ni par préceptes, ni par aucunes règles certaines et infaillibles, mais seulement par une longue habitude : car, par exemple, si l'on demande touchant le mot ‖ Spec-ta-cle ‖ pourquoi il faut prendre quatre lettres pour former la première syllabe, deux pour la seconde, et trois pour la troisième ; ces difficultés ne se peuvent pas résoudre facilement. En expliquant les consonnes et les voyelles, on peut bien faire comprendre que plusieurs consonnes consécutives sont muettes et ne sonnent point, à moins qu'elles ne soient unies à une voyelle. Ceci prouve assez qu'il n'y a point de syllabes ni de mots qui ne soient composés de consonnes ou de voyelles, mais ne décide pas du nombre de lettres qu'il faut pour former une syllabe ; et c'est ce qui fait l'embarras des Maîtres et des Écoliers.

Mais pour diminuer tant de difficultés qui se présentent en foule et qui ne rebutent que trop souvent les Élèves, j'ai imaginé de distinguer toutes les syllabes par un large trait horizontal (–), et tous les mots par deux barres perpendiculaires (‖), au lieu d'un petit trait et de points, tels qu'on en voit dans d'autres syllabaires et à la ligne suivante :

Les : mau-vai-ses : mé-tho-des : re-tar-dent

parce qu'un petit trait rend la division des syllabes moins saillante, et que les points ayant, sur-tout pour des yeux inexercés, trop de rapport avec la lettre i et toutes sortes de ponctuations, ils deviennent un obstacle aux progrès de l'Écolier, de l'aveu même de tous les Instituteurs qui ont essayé l'une et l'autre méthode. Dans certaines éditions on ne s'est servi ni de traits, ni de points, ni de barres, pour diviser les syllabes et les mots ; on a seulement laissé un blanc entre chaque syllabe comme entre chaque mot, ce qui rend infiniment plus difficile à l'Écolier la distinction des syllabes d'avec les mots.

L'expérience a donc prouvé que la meilleure méthode pour hâter les progrès des Élèves, étoit celle-ci, comme on peut le remarquer dans la ligne suivante :

Par ‖ mes ‖ jus-tes ‖ com-man-de-mens.

Avant de lire ou d'écrire un mot, il faut que notre esprit forme et distingue clairement dans notre imagination les lettres de chaque syllabe, et les syllabes de chaque mot ; et rien ne peut mieux faciliter cette conception, que les larges traits et les longues barres qu'on vient de voir. On a déjà observé que c'étoit la meilleure méthode pour perfectionner insensiblement les Élèves dans l'ortographe, et les apprendre à lire plus régulièrement en prononçant correctement les syllabes de chaque mot.

Ces précieux avantages me donnent lieu d'espérer que cette méthode sera toujours celle que les Instituteurs intelligens préféréront, pour peu qu'ils ayent à cœur l'avancement de leurs Élèves.

Esprits forts, aveuglés par l'orgueilleux système,
Qui dit : qu'est-ce que Dieu ? L'humble foi vous répond :
Loin de rien dire ici de cet Être suprême,
Gardons, en l'adorant, un silence profond ;
Le Mystère est immense et l'esprit s'y confond :
Pour dire ce qu'il est il faut être lui-même.

Au nom du Père,

et du Saint-Esprit.

Ainsi soit-il.

et du Fils,

Majuscules Romaines.

✳ A B C D E F G H I
J K L M N O P Q R S
T U V X Y Z Æ OE Ç
W É È Ê . , ; : '

Majuscules Italiques.

*A B C D E F G H I J K
L M N O P Q R S T U
V X Y Z Æ OE Ç.*

Autres Majuscules Romaines.

✳ A B C D E F G H I J K
L M N O P Q R S T U V X
Y Z Æ Œ Ç W É È Ê V R̸
✝ ♂ ¶ * «» () []·

Autres Majuscules Italiques.

*A B C D E F G H I J K L
M N O P Q R S T U V X Y
Z Æ Œ·*

Lettres ordinaires Romaines.

a b c d e f g h i j k l m n o
p q r ſ t u v x y z &·

Lettres ordinaires Italiques.

*a b c d e f g h i j k l m n o p
q r ſ t u v x y z &·*

Con-son-nes.

b c d f g h k l m n p q r ſ s t v x z.

Diph-ton-gues.

æ œ ai au ei eu ay.

Let-tres ‖ dou-bles.

ﬆ ﬅ ﬀ ﬀ ﬂ ﬁ ﬄ ﬁ ﬃ ﬁ ﬃ w &.

Les six voyelles . . . ‖	a e i o u y.
Idem *Circonflexes* . . ‖	â ê î ô û.
Idem *Aiguë* . . . . . ‖	é.
Idem *Graves*. . . . . ‖	à è ì ò ù.
Idem *Tréma*. . . . . ‖	ë ï ü.
Ponctuations . . . . . ‖	. , ; : ' ? !

Let-tres ‖ d'A-bré-vi-a-ti-ons.

ã ẽ ĩ õ ũ.

EXEMPLE	ã am an.
Des Abréviations, et	ẽ em en.
la manière d'y em-	ĩ im in.
ployer les Lettres.	õ om on.
	ũ um un.

Chif-fres ‖ A-ra-bes.

1. 2. 3. 4. 5. 6. 7. 8. 9. 10. 20. 30.
40. 50. 60. 70. 80. 90. 100. 200. 300.
400. 500. 600. 700. 800. 900. 1000.

C

ALPHABETS EN DIFFÉRENS CARACTÈRES,

Et la véritable manière de prononcer les Consonnes.

Romain.	Prononc.	Italique.	Capitales.
a		*a*	A
b	*be*	*b*	B
c	*ce que*	*c*	C
d	*de*	*d*	D
e		*e*	E
f	*fe*	*f*	F
g	*ge gue*	*g*	G
h	*he*	*h*	H
i j	*je*	*i j*	I J
k	*ke*	*k*	K
l	*le*	*l*	L
m	*me*	*m*	M
n	*ne*	*n*	N
o		*o*	O
p	*pe*	*p*	P
q	*que*	*q*	Q
r	*re*	*r*	R
ſ	*ſe ʒe*	*ſ*	S
s		*s*	
t	*te ſt*	*t*	T
u		*u*	U
v	*ve*	*v*	V
x	*kſe gʒe*	*x*	X
y	*i ye*	*y*	Y
z	*ʒe*	*ʒ*	Z

ba	be	bé	bê	bi	bo	bu.
ca	ce	cé	cê	ci	co	cu.
da	de	dé	dê	di	do	du.
fa	fe	fé	fê	fi	fo	fu.
ga	ge	gé	gê	gi	go	gu.
ha	he	hé	hê	hi	ho	hu.
ja	je	jé	jê	ji	jo	ju.
la	le	lé	lê	li	lo	lu.
ma	me	mé	mê	mi	mo	mu.
na	ne	né	nê	ni	no	nu.
pa	pe	pé	pê	pi	po	pu.
qua	que	qué	quê	qui	quo	quu.
ra	re	ré	rê	ri	ro	ru.
sa	se	sé	sê	si	so	su.
ta	te	té	tê	ti	to	tu.
va	ve	vé	vê	vi	vo	vu.
xa	xe	xé	xê	xi	xo	xu.
za	ze	zé	zê	zi	zo	zu.

AU - TRES ‖ SYL - LA - BES.

ab	ad	af	am	an	as	at	au
bac	bal	bam	ban	bar	bas	bat	bau
cab	cal	cam	can	car	cas	cat	cau
dac	dal	dam	dan	dar	das	det	dau
eb	el	em	en	er	es	et	eu
fac	fal	fam	fen	fer	fes	fet	fau
gac	gel	gam	gan	ger	ges	get	gau
hac	hal	ham	hen	her	hes	het	hau
jac	jal	jam	jen	jer	jes	jet	jau
kac	kal	kam	kan	kar	kas	kat	kau
lac	lal	lam	lan	ler	les	let	lau
mac	mal	mam	man	mer	mes	met	mau
nac	nal	nam	nan	ner	nes	nat	nau
oc	ol	om	on	or	os	ot	ou
pac	pal	pam	pan	par	pas	pat	pau
quac	qual	quam	quan	quor	quos	quot	quau
rac	ral	ram	ren	rer	ras	rat	rau
sac	sed	sam	sen	sor	sas	sat	sau
tac	taf	tam	ten	tor	tas	tat	tau
vac	vec	vic	voc	vom	ven	vaf	vau
xac	xec	xic	xoc	xom	xen	xaf	xau
yac	yec	yic	yoc	yom	yon	yun	yau
zac	zec	zic	zoc	zom	zen	zaf	zau

Lettres à double et triple valeur.

c, g, sſ, t, x, y.

Exemples des lettres à double et triple valeur.

c,	g,	sſ,
race, cave.	ange, grand.	anse, rоſe.

t,	x,
gestion, oblation.	taxe, exemple, sixain.

y,

moyen, mystère.

Diphtongues et principaux sons de la langue française.

e, ent. é, aí. è, aì. ê, aî. aient,
oient. ei, oi. ea. am, em, an, en.
au, eau. eu, œu.
im, aim. in, ain, ein.
oe, oi, oin. om, on, eon. ou.
um, un. ui, uin.
ch. gn. ill. ph. &. ft.

Exemples des Diphtongues, et sons de la langue française.

e , ent.	é, ai.
lune , aiment.	bonté , chantai.
è, aì.	ê, aî
accès , maison.	tempéte , maître.
aient, oient.	ei , oi.
liraient , riroient.	peine , foible.

ea.	am, em.	an.,
songea.	ample , empire.	année.
en	au , eau.	eu , œu.
enfant.	auteur, beau	lieu, œuvre.

im , aim.	in , ain , ein.
impie , faim.	lin , pain , sein.
oe oi , oin.	om , on.
moelle , loi , soin.	ombre , onde.

eon , ou.

pigeon , courroux.

um , un.	ui , uin.
humble , commun.	suite , juin.

ch.   gn.   ill.   ph.

cheval.   *vigne.*   pa*ille.*   *ph*rase.

ct.   ſt.

a*ct*e.   ſtoïcien.

Sons mouillés.

ail,   aille,   eil,   eille.

m-*ail.*   m-*aille*   rev-*eil.*   rev-*eille.*

euil,   euille,   ueil,   œil.

écur-*euil.*   v-*euille.*   éc-*ueil.*   *œil.*

œillet,   illé,   ouil,   ouille.

œillet.   f-*illé.*   fen-*ouil.*   f-*ouille.*

Nota. On mouille ordinairement les mots où l'*i* précède un *l* seul à la fin d'un mot ou deux *ll* au milieu.

PREMIÈRE TABLE

DE mots d'une syllabe, ou monosyllabe, qu'il faut faire lire par sons séparés, et ensuite tout d'un mot.

A-n , an.

a-il , ail.

a-rc , arc.

a-rt , art.

b-ail , bail.

b-ain , bain.

b-eau , beau.

b-ien , bien.

b-ois , bois.

c-ar , car.

c-ap , cap.

c-eint , ceint.

c-ours , cours.

c-œur , cœur.

c-oin , coin.

d-aim , daim.

d-euil , deuil.

d-oigts , doigts.

d-ur , dur.

f-aux , faux.

f-aim , faim.

f-ait , fait.

f-oin , foin.

g-ai , gai.

g-ain , gain.

g-uet , guet.

g-oût , goût.

h-aut , haut.

h-uit , huit.

J-ean , Jean.

j-eu , jeu.

j-our , jour.

j-oug , joug.

l-aid , laid.

l-eur , leur.

l-oup , loup.

SECONDE TABLE

DE mots de deux syllabes.

Ai-mer.	en-fler.
ai-mant.	en-flant.
ai-ment.	en-flent.
ai-moit.	en-floit.
ai-moient.	en-floient.
boi-re.	fi-ler.
bu-vant.	fi-lant.
boi-vent.	fi-lent.
bu-voit.	fi-loit.
bu-voient.	fi-loient.
chan-ter.	ga-gner.
chan-tant.	ga-gnant.
chan-tent.	ga-gnent.
chan-toit.	ga-gnoit.
chan-toient.	ga-gnoient.
don-ner.	han-ter.
don-nant.	han-tant.
don-nent.	han-tent.
don-noit.	han-toit.
don-noient.	han-toient.

TROISIÈME TABLE
DE mots de trois syllabes.

A-bat-tre.	ef-fa-cer.
a-bat-tant.	ef-fa-çant.
a-bat-tent.	ef-fa-cènt.
a-bat-toit.	ef-fa-çoit.
a-bat-toient.	ef-fa-çoient.
ba-lan-cer.	fa-bri-quer.
ba-lan-çant.	fa-bri-quant.
ba-lan-cent.	fa-bri-quent.
ba-lan-çoit.	fa-bri-quoit.
ba-lan-çoient.	fa-bri-quoient.
châ-ti-er.	gou-ver-ner.
châ-ti-ant.	gou-ver-nant.
châ-ti-ent.	gou-ver-nent.
châ-ti-oit.	gou-ver-noit.
châ-ti-oient.	gou-ver-noient.
dé-li-vrer.	ha-bi-ter.
dé-li-vrant.	ha-bi-tant.
dé-li-vrent.	ha-bi-tent.
dé-li-vroit.	ha-bi-toit.
dé-li-vroient.	ha-bi-toient.

QUATRIÈME TABLE
DE mots de quatre syllabes.

Ac-cou-tu-mer.
ac-cou-tu-mant.
ac-cou-tu-ment.
ac-cou-tu-moit.
ac-cou-tu-moient.
bal-bu-ti-er.
bal-bu-ti-ant.
bal-bu-ti-ent.
bal-bu-ti-oit.
bal-bu-ti-oient.
ca-ra-co-ler.
ca-ra-co-lant.
ca-ra-co-lent.
ca-ra-co-loit.
ca-ra-co-loient.
dé-mé-na-ger.
dé-mé-na-geant.
dé-mé-na-gent.
dé-mé-na-goit.
dé-mé-na-geoint.

é-cha-fau-der.
é-cha-fau-dant.
é-cha-fau-dent.
é-cha-fau-doit.
é-cha-fau-doient.
fa-ci-li-ter.
fa-ci-li-tant.
fa-ci-li-tent.
fa-ci-li-toit.
fa-ci-li-toient.
gar-ga-ri-ser.
gar-ga-ri-sant.
gar-ga-ri-sent.
gar-ga-ri-soit.
gar-ga-ri-soient.
ha-bi-tu-er.
ha-bi-tu-ant.
ha-bi-tu-ent.
ha-bi-tu-oit.
ha-bi-tu-oient.

CINQUIÈME TABLE
De mots de cinq syllabes.

Af-fec-ti-on-ner.   en-re-gi-men-ter.
af-fec-ti-on-nant.   en-re-gi-men-tant.
af-fec-ti-on-nent.   en-re-gi-men-tent.
af-fec-ti-on-noit.   en-re-gi-men-toit.
af-fec-ti-on-noient   en-re-gi-men-toient.
bé-né-fi-ci-er.   im-mor-ta-li-ser.
bé-né-fi-ci-ant.   im-mor-ta-li-sant.
bé-né-fi-ci-ent.   im-mor-ta-li-sent.
bé-né-fi-ci-oit.   im-mor-ta-li-soit.
bé-né-fi-ci-oient.   im-mor-ta-li-soient
ca-pa-ra-çon-ner.   oc-ca-si-on-ner.
ca-pa-ra-çon-nant   oc-ca-si-on-nant.
ca-pa-ra-çon-nent   oc-ca-si-on-nent.
ca-pa-ra-çon-noit.   oc-ca-si-on-noit.
ca-pa-ra-çon-noient.   oc-ca-si-on-noient.
di-ver-si-fi-er.   pré-dé-ter-mi-ner.
di-ver-si-fi-ant.   pré-dé-ter-mi-nant.
di-ver-si-fi-ent.   pré-dé-ter-mi-nent.
di-ver-si-fi-oit.   pré-dé-ter-mi-noit.
di-ver-si-fi-oient.   pré-dé-ter-mi-noient.

L'O-RAI-SON
DO-MI-NI-CA-LE.

NO-TRE ‖ Pè-re ‖ qui ‖ ê-tes aux ‖ Cieux ‖ vo-tre ‖ Nom soit ‖ sanc-ti-fi-é ‖ vo-tre ‖ Ro-yau-me ‖ nous ‖ a-vien-ne ‖ vo-tre ‖ vo-lon-té ‖ soit ‖ fai-te ‖ en ‖ la ‖ Ter-re com-me ‖ au ‖ Ciel ‖ don-nez ‖ nous au-jour-d'hui ‖ no-tre ‖ pain ‖ quo-ti-dien ‖ et ‖ nous ‖ par-don-nez nos ‖ of-fen-ses ‖ com-me ‖ nous par-don-nons ‖ à ‖ ceux ‖ qui ‖ nous ont ‖ of-fen-sés ‖ et ‖ ne ‖ nous ‖ a-ban-don-nez ‖ point ‖ à ‖ la ‖ ten-ta-ti-on ‖ mais ‖ dé-li-vrez ‖ nous du ‖ mal ‖ Ain-si ‖ soit-il.

La || Sa-lu-ta-ti-on || An-gé-li-que.

JE || vous || sa-lu-e || Ma-ri-e plei-ne || de || grâ-ce || le || Sei-gneur || est || a-vec || vous || vous ê-tes || bé-ni-e || en-tre || tou-tes les || fem-mes || et || Je-sus || le fruit || de || vo-tre || ven-tre || est bé-ni || Sain-te || Ma-ri-e || Mè-re de || Dieu || pri-ez || pour || nous pau-vres || pé-cheurs || main-te-nant et || à || l'heu-re || de || no-tre || mort Ain-si || soit-il.

Le || Sym-bo-le || des || A-pô-tres.

JE || crois || en || Dieu || le || Pè-re || Tout-puis-sant || Cré-a-teur || du || Ciel || et || de || la || Ter-re || Et || en || Je-sus-Christ || son Fils || u-ni-que || No-tre || Sei-gneur Qui || a || é-té || con-çu || du || Saint

Es-prit || né || de || la || Vier-ge
Ma-ri-e || Qui || a || souf-fert || sous
Pon-ce || Pi-la-te || a || été || cru-
ci-fi-é || mort || et || en-se-ve-li || est
des-cen-du || aux || En-fers || le
troi-si-è-me || jour || est || res-sus-ci-té
de || mort || à || vi-e || Est || mon-té
aux || Cieux || est || as-sis || à || la
droi-te || de || Dieu || le || Pè-re
Tout-puis-sant || d'où || il || vien-
dra || ju-ger || les || vi-vans || et || les
morts.

Je || crois || au || Saint-Es-prit
la || Sain-te || E-gli-se || Ca-tho-li-
que || la || com-mu-ni-on || des || Saints
la || ré-mis-si-on || des || pé-chés
la || ré-sur-rec-ti-on || de || la || chair
la || vi-e || é-ter-nel-le || Ain-si
soit-il.

La ‖ Con-fes-si-on ‖ des ‖ pé-chés.

JE ‖ me ‖ con-fes-se ‖ à ‖ Dieu Tout-puis-sant ‖ à ‖ la ‖ Bien-heu-reu-se ‖ Ma-ri-e ‖ tou-jours Vier-ge ‖ à ‖ Saint ‖ Mi-chel ‖ Ar-chan-ge ‖ à ‖ Saint ‖ Jean ‖ Bap-tis-te aux ‖ A-pô-tres ‖ Saint ‖ Pier-re ‖ et Saint ‖ Paul ‖ à ‖ tous ‖ les ‖ Saints par-ce ‖ que ‖ j'ai ‖ pé-ché ‖ par pen-sé-es ‖ par ‖ pa-ro-les ‖ et ‖ œu-vres ‖ Par ‖ ma ‖ fau-te ‖ par ‖ ma fau-te ‖ par ‖ ma ‖ très ‖ gran-de fau-te ‖ C'est ‖ pour-quoi ‖ je ‖ pri-e la ‖ Bien-heu-reu-se ‖ Ma-ri-e ‖ tou-jours ‖ Vier-ge ‖ Saint ‖ Mi-chel Ar-chan-ge ‖ Saint ‖ Jean ‖ Bap-tis-te ‖ les ‖ A-pô-tres ‖ Saint Pier-re ‖ et ‖ Saint ‖ Paul ‖ et tous ‖ les ‖ Saints ‖ de ‖ pri-er ‖ pour

moi

moi || en-vers || le || Sei-gneur || no-tre || Dieu || Ain-si || soit-il.

QUe || le || Dieu || Tout-puis-sant || nous || fas-se || mi-sé-ri-cor-de || qu'il || nous || par-don-ne nos || pé-chés || et || nous || con-dui-se à || la || vi-e || é-ter-nel-le || Ain-si soit-il.

QUe || le || Sei-gneur || Tout-puis-sant || et || mi-sé-ri-cor-di-eux || nous || don-né || in-dul-gen-ce || ab-so-lu-ti-on || et || ré-mis-si-on de || tous || nos || pé-chés || Ain-si soit-il.

La || Bé-né-dic-ti-on || de || la || Ta-ble.

BÉ-nis-sez || [ce || se-ra || le Sei-gneur] || que || la || droi-te de || Je-sus-Christ || nous || bé-nis-se a-vec || tou-tes || ces || cho-ses || que

D

nous || de-vons || pren-dre || pour no-tre || ré-fec-ti-on || Au || nom du || Pè-re || et || du || Fils || et || du Saint-Es-prit || Ain-si || soit-il.

Ac-ti-on || *de* || *grâ-ces* || *a-près* || *le Re-pas.*

O || Roi || ô || Dieu || Tout-puis-sant || nous || vous || ren-dons grâ-ces || pour || tous || vos || bien-faits qui || vi-vez || et || ré-gnez || par || tous les || si-è-cles || des || si-è-cles || Ain-si soit-il.

Les || *dix* || *Com-man-de-mens* || *de Dieu.*

1. UN || seul || Dieu || tu || a-do-re-ras Et || ai-me-ras || par-fai-te-ment.

2. Dieu || en || vain || tu || ne || ju-re-ras Ni || au-tre || cho-se || pa-reil-le-ment.

3. Le || Di-man-che || tu || gar-de-ras

En ‖ ser-vant ‖ Dieu ‖ dé-vo-te-ment.

4. Pè-re ‖ et ‖ mè-re ‖ ho-no-re-ras

A-fin ‖ que ‖ tu ‖ vi-ves ‖ lon-gue-ment.

5. Ho-mi-ci-de ‖ ne ‖ com-met-tras

De ‖ fait ‖ ni ‖ vo-lon-tai-re-ment.

6. Lu-xu-rieux ‖ point ‖ ne ‖ se-ras

De ‖ corps ‖ ni ‖ de ‖ con-sen-te-ment.

7. Le ‖ bien ‖ d'au-trui ‖ tu ‖ ne ‖ pren-dras

Ni ‖ re-tien-dras ‖ in-jus-te-ment.

8. Faux ‖ té-moi-gna-ge ‖ ne ‖ diras

Ni ‖ men-ti-ras ‖ au-cu-ne-ment.

9. L'œu-vre ‖ de ‖ la ‖ chair ‖ ne

dé-si-re-ras

Qu'en ‖ ma-ri-a-ge ‖ seu-le-ment.

10. Biens ‖ d'au-trui ‖ ne ‖ con-voi-

te-ras

Pour ‖ les ‖ a-voir ‖ in-jus-te-ment.

Les || Com-man-de-mens || de || l'É-gli-se.

1. LEs || Di-man-ches || la || Mes-se
ou-ï-ras

Et || les || Fê-tes || pa-reil-le-ment.

2. Les || Fê-tes || tu || sanc-ti-fi-e-ras
Qui || te || sont || de || com-man-de-ment.

3. Tous || tes || pé-chés || con-fes-se-ras
A || tout || le || moins || u-ne || fois || l'an.

4. Ton || Cré-a-teur || tu || re-ce-vras
Au || moins || à Pâ-ques || hum-ble-
ment.

5. Qua-tre || temps || vi-gi-les || jeû-
ne-ras

Et || le || Ca-rê-me || en-ti-è-re-ment.

6. Ven-dre-di || chair || ne || man-ge-ras
Ni || le || Sa-me-di || mê-me-ment.

LES ‖ SEPT ‖ PSEAU-MES
PÉ-NI-TEN-TI-AUX.

PSEAU-ME ‖ 6.

SEI-GNEUR ‖ ne ‖ me ‖ re-pre-nez ‖ point ‖ dans ‖ vo-tre ‖ fu-reur ‖ et ‖ ne ‖ me ‖ cor-ri-gez ‖ point dans ‖ le ‖ fort ‖ de ‖ vo-tre ‖ co-lè-re.

A-yez ‖ pi-ti-é ‖ de ‖ moi ‖ Sei-gneur puis-que ‖ je ‖ suis ‖ foi-ble ‖ Sei-gneur gué-ris-sez-moi ‖ car ‖ le ‖ mal ‖ qui me ‖ ron-ge ‖ a ‖ pas-sé ‖ dans ‖ mes ‖ os qui ‖ en ‖ sont ‖ é-bran-lés.

Mon ‖ a-me ‖ en ‖ est ‖ a-bat-tu-e ‖ de tris-tes-se ‖ mais ‖ vous ‖ Sei-gneur jus-ques ‖ à ‖ quand ‖ dif-fé-re-rez-vous ‖ ma ‖ gué-ri-son.

Tour-nez ‖ vos ‖ yeux ‖ sur ‖ moi

Sei-gneur ‖ sau-vez ‖ mon ‖ a-me
de ‖ tous ‖ les ‖ dan-gers ‖ dé-li-vrez-
moi ‖ par ‖ vo-tre ‖ gran-de ‖ bon-té
et ‖ mi-sé-ri-cor-de.

Car ‖ on ‖ ne ‖ se ‖ sou-vient ‖ pas
de ‖ vous ‖ par-mi ‖ les ‖ morts ‖ et
qui ‖ se-ra ‖ ca-pa-ble ‖ de ‖ cé-lé-brer
vos ‖ lou-an-ges ‖ dans ‖ les ‖ En-fers.

Je ‖ me ‖ suis ‖ tour-men-té ‖ jus-ques
à ‖ ce ‖ point ‖ dans ‖ mes ‖ gé-mis-se-
mens ‖ que ‖ toü-tes ‖ les ‖ nuits
mon ‖ lit ‖ est ‖ bai-gné ‖ et ‖ ma ‖ cou-che
est ‖ ar-ro-sé-e ‖ de ‖ mes ‖ lar-mes.

Les ‖ dou-leurs ‖ m'ont ‖ fait ‖ pleurer ‖ si ‖ a-mè-re-ment ‖ que ‖ j'en ‖ perds
les ‖ yeux ‖ je ‖ suis ‖ vieil-li ‖ par ‖ le
cha-grin ‖ de ‖ voir ‖ mes ‖ en-ne-mis
se ‖ ri-re ‖ de ‖ mon ‖ tour-ment.

Mais ‖ re-ti-rez ‖ vous ‖ de ‖ moi
vous ‖ qui ‖ per-sis-tez ‖ tou-jours ‖ dans

vo-tre ‖ mé-chan-ce-té ‖ car ‖ Dieu
a ‖ en-ten-du ‖ fa-vo-ra-ble-ment ‖ la
voix ‖ de ‖ mes ‖ pleurs.

Le ‖ Sei-gneur ‖ a ‖ ex-au-cé ‖ ma
pri-è-re ‖ le ‖ Sei-gneur ‖ a ‖ re-çu
mon ‖ o-rai-son.

Que ‖ tous ‖ mes ‖ en-ne-mis ‖ en
rou-gis-sent ‖ de hon-te ‖ et ‖ soient
at-teints ‖ d'u-ne ‖ a-gi-ta-ti-on ‖ vi-o-
len-te ‖ qu'ils ‖ s'en ‖ re-tour-nent
cou-verts ‖ de ‖ con-fu-sion ‖ et ‖ de
hon-te ‖ Gloi-re ‖ soit ‖ au ‖ Pè-re ‖ etc.

PSEAU-ME ‖ 31.

BIen-heu-reux ‖ sont ‖ ceux ‖ à
qui ‖ les ‖ i-ni-qui-tés ‖ sont
par-don-né-es ‖ et ‖ dont ‖ les ‖ pé-
chés ‖ sont ‖ cou-verts.

Bien-heu-reux ‖ est ‖ l'hom-me ‖ à
qui ‖ Dieu ‖ n'im-pu-te ‖ point ‖ sa

fau-te || a-près || l'a-voir || com-mi-se
et || qui || n'a || point || de || dé-gui-
se-ment || en || son || es-prit:

Par-ce || que || j'ai || gar-dé || mon
mal || se-crè-te-ment || mes || os ||com-
me || en-vieil-lis || ont || per-du || leur
for-ce || par-mi || les || cris || que || j'ai
je-tés.

Vo-tre ||main || s'est ||ap-pe-san-ti-e
sur ||moi ||tant || que || le || jour || et ||la
nuit || ont || du-ré || et || la || dou-leur
qui || me || con-su-me || m'a || dès-sé-
ché ||com-me || l'her-be || du-rant || les
cha-leurs || de || l'é-té.

C'est || pour-quoi || je || vous || ai
li-bre-ment || dé-cla-ré || mon || of-
fen-se || et || je || ne || vous || ai || point
te-nu || mon || i-ni-qui-té || ca-ché-e.

Dès ||que || j'ai || dit || il || faut ||que
je ||con-fes-se || con-tre ||moi-mê-me
mon

mon ‖ pé-ché ‖ au ‖ Sei-gneur ‖ vous a-vez ‖ re-mis ‖ l'im-pi-é-té ‖ de ‖ ma fau-te.

Ce ‖ qui ‖ ser-vi-ra ‖ d'un ‖ ex-em-ple ‖ mé-mo-ra-ble ‖ à ‖ tous ‖ les ‖ jus-tes pour ‖ vous ‖ a-dres-ser ‖ leurs ‖ pri-è-res ‖ en ‖ temps ‖ de ‖ mi-sé-ri-cor-de.

Et ‖ cer-tes ‖ quand ‖ un ‖ dé-lu-ge de ‖ maux ‖ i-non-de-rait ‖ tou-te ‖ la ter-re ‖ ils ‖ n'en ‖ pour-raient ‖ ê-tre au-cu-ne-ment ‖ tou-chés.

Vous ‖ ê-tes ‖ mon ‖ a-si-le ‖ con-tre ‖ tou-tes ‖ les ‖ ad-ver-si-tés ‖ qui m'en-vi-ron-nent ‖ vous ‖ qui ‖ ê-tes ma ‖ joi-e ‖ dé-li-vrez ‖ moi ‖ des ‖ en-ne-mis ‖ dont ‖ je ‖ suis ‖ as-si-é-gé.

Je ‖ vous ‖ don-ne-rai ‖ un ‖ es-prit clair-vo-yant ‖ et ‖ vous ‖ en-sei-gne-rai ‖ le ‖ che-min ‖ que ‖ vous ‖ de-vez te-nir ‖ j'ar-rê-te-rai ‖ mes ‖ yeux

E

veil-lant || à || vo-tre || con-dui-te.

Tou-te-fois || ne || de-ve-nez || point sem-bla-bles || au || che-val || et || au mu-let || qui || n'ont || point || d'en-ten-de-ment.

Vous || leur || don-ne-rez || le || mors et || la || bri-de || pour || les || em-pê-cher || de || mor-dre || et || de || ru-er con-tre || vous.

Plu-sieurs || ma-lé-dic-ti-ons || se ré-pan-dront || sur || les || pé-cheurs mais || la || mi-sé-ri-cor-de || se-ra || le par-ta-ge || de || ceux || qui || met-tent leur || es-pé-ran-ce || au || Sei-gneur.

Ré-jou-is-sez || vous || donc || au || Sei-gneur || hom-mes || jus-tes || et || vous tous || qui || ê-tes || nets || de || cœur so-yez || trans-por-tés || de || joi-e.

Gloi-re | soit || au || Pè-re || etc.

PSEAU-ME || 37.

SEi-gneur || ne || me || re-prè-nez point || dans || vo-tre || fu-reur ne || me || cor-ri-gez || point || dans || le fort || de || vo-tre || co-lè-re.

J'ai || dé-jà || sen-ti || les || traits || pi-quans || de || vo-tre || in-di-gna-tion que || vous || a-vez || dé-co-chés || con-tre || moi || et || sur || qui || vous || a-vez ap-pe-san-ti || vo-tre || main.

Ma || chair || tou-te || cou-ver-te || d'ul-cè-res || é-prou-ve || bien || les || ef-fets de || vo-tre || i-re || et || à || cau-se || de mes || pé-chés || mes || os || ne || re-çoi-vent || au-cun || re-pos.

Car || il || est || vrai || que || mes || i-ni-qui-tés || me || noient || et || se || sont é-le-vé-es || par || des-sus || ma || tê-te el-les‖m'ac-ca-blent‖sous‖ leur‖faix.

Mes‖ ci-ca-tri-ces ‖ se ‖ sont ‖ en-
vieil-li-es ‖et ‖ ont ‖ dé-gé-né-ré ‖ par
ma ‖ fo-li-e ‖ en ‖ u-ne ‖ cor-rup-tion
sans ‖ re-mè-de.

É-tant ‖ ain-si ‖ de-ve-nu ‖ mi-sé-
ra-ble ‖ et ‖ cour-bé ‖ sous ‖ les ‖ en-
nuis ‖ je ‖ che-mi-ne ‖ tout ‖ le ‖ jour
a-vec ‖ u-ne ‖ gran-de ‖ tris-tes-se.

Mes ‖ reins ‖ pleins ‖ d'u-ne ‖ ar-
deur‖ex-ces-si-ve‖me‖cau-sent‖d'é-
tran-ges ‖ il-lu-si-ons ‖ et ‖ je ‖ n'ai
au-cu-ne ‖ par-ti-e ‖ de ‖ mon ‖ corps
où ‖ je ‖ ne ‖ souf-fre.

Je ‖ suis ‖ si ‖ fort ‖ af-fli-gé ‖ et
a-bais-sé ‖ qu'au ‖ lieu ‖ de ‖ plain-tes
mon ‖ cœur ‖ n'ex-pri-me ‖ sa ‖ dou-
leur ‖ que ‖ par ‖ des ‖ hur-le-mens.

Sei-gneur ‖ vo-yez ‖ tou-tes ‖ mes
in-ten-ti-ons ‖ mes ‖ pleurs ‖ ni ‖ mes

gé-mis-se-mens ‖ ne ‖ vous ‖ sont
point ‖ ca-chés.

Mon ‖ cou-ra-ge ‖ s'é-ton-ne ‖ je
n'ai ‖ plus ‖ de ‖ for-ce ‖ ni ‖ de ‖ vi-
gueur ‖ et ‖ mes ‖ yeux ‖ qui ‖ sont
a-veu-glés ‖ de ‖ mes ‖ lar-mes ‖ n'a-
per-çoi-vent ‖ plus ‖ la ‖ clar-té.

Mes ‖ a-mis ‖ et ‖ mes ‖ pro-ches
se ‖ sont ‖ é-loi-gnés ‖ de ‖ moi ‖ me
vo-yant ‖ ré-duit ‖ en ‖ ce ‖ pi-teux
é-tat.

Mes ‖ voi-sins ‖ se ‖ sont ‖ re-ti-rés
aus-si ‖ et ‖ ceux ‖ qui ‖ cher-chent ‖ à
m'ô-ter ‖ la ‖ vi-e ‖ y ‖ em-ploient
de ‖ gran-des ‖ vi-o-len-ces.

Ils ‖ n'é-pi-ent ‖ que ‖ les ‖ oc-ca-
si-ons ‖ de ‖ me ‖ nui-re ‖ et ‖ tien-
nent ‖ de ‖ mau-vais ‖ dis-cours ‖ de
moi ‖ ils ‖ pas-sent ‖ les ‖ jours ‖ à
cher-cher ‖ ma ‖ ru-i-ne.

Né-an-moins‖com-me ‖ si‖j'eûs-se
é-té ‖ sourd ‖ je ‖ ne ‖ les ‖ ai ‖point‖é-
cou-tés ‖ et ‖ com-me ‖ si ‖ j'eus-se
é-té ‖ mort ‖ je ‖ n'ai ‖. ou-vert ‖ la
bou-che ‖ pour ‖ leur ‖ ré-pon-dre.

J'ai ‖ bou-ché ‖ mes ‖ o-reil-les ‖ à
tous ‖ leurs ‖ re-pro-ches ‖ et ‖ ma
lan-gue ‖ n'a ‖ point ‖ eu ‖ la ‖ pei-ne
de ‖ re-pous-ser ‖ leurs ‖ in-ju-res.

Par-ce ‖ qu'en ‖ vous ‖ Sei-gneur
j'ai ‖ mis ‖ tou-te ‖ mon ‖ es-pé-ran-ce
Sei-gneur ‖ mon ‖ Dieu ‖ vous‖ex-au-
ce-rez ‖ s'il ‖ vous‖plaît‖ma‖pri-è-re.

Je ‖ vous ‖ pri-e ‖ que‖mes‖en-ne-
mis ‖ ne ‖ se ‖ glo-ri-fi-ent ‖ de ‖ mes
mi-sè-res‖ni‖que ‖ dès‖ le ‖mo-ment
que ‖ je ‖ fais ‖ un ‖ faux ‖ pas ‖ ils ‖ se
dres-sent ‖ con-tre ‖ moi ‖ pour ‖ me
fai-re ‖ tom-ber.

Je ‖ suis ‖ pour-tant ‖ dis-po-sé ‖ à

souf-frir || tou-jours || la || per-sé-cu-
ti-on || et || la || dou-leur || que || j'ai
mé-ri-té-e || se || pré-sen-te || con-ti-
nu-el-le-ment || à || mes || yeux.

Car || j'a-vou-e || que || j'ai || com-mis
de || gran-des || i-ni-qui-tés || et || je
ne || pro-po-se || à || ma || pen-sé-e || jour
et || nuit || que || l'ob-jet || de || mon
cri-me.

Ce-pen-dant || mes || en-ne-mis || vi-
vent || con-tens || ils || se || for-ti-fi-ent
con-tre || moi || et || leur || nom-bre
aug-men-te || tous || les || jours.

Ceux || qui || ren-dent || le || mal
pour || le || bien || m'ont || é-té || con-
trai-res || par-ce || que || j'ai-me || la
paix || et || la || dou-ceur.

Sei-gneur || ne || m'a-ban-don-nez
point || dans || ces || pé-rils || mon || Dieu
ne || vous || é-loi-gnez || point || de || moi.

Ve-nez || promp-te-ment || à || mon se-cours || mon || Sei-gneur || et || mon Dieu || puis-que || vous || ê-tes mon || sa-lut.

Gloi-re || soit || au || Pè-re || etc.

PSEAU-ME || 50.

MOn || Di-eu || a-yez || pi-ti-é de || moi se-lon || vo-tre gran-de || mi-sé-ri-cor-de.

Et || se-lon || la || mul-ti-tu-de || de vos || bon-tés || ef-fa-cez || mon || i-ni-qui-té.

Ver-sez || a-bon-dam-ment || sur moi || de || quoi || me || la-ver || de mes || fau-tes || net-to-yez-moi || de mon || pé-ché.

Je || re-con-nais || mes || of-fen-ses et || mon || cri-me || est || tou-jours con-tre || moi.

Con-tre

Con-tre || vous || seul || j'ai || pé-ché
et || j'ai || com-mis || de-vant || vos
yeux || tout || le || mal || dont || je || me
sens || cou-pa-ble || so-yez || re-con-nu
vé-ri-ta-ble || en || vos || pro-mes-ses
et || de-meu-rez || vic-to-ri-eux || quand
vous || pro-non-cez || vos || ju-ge-mens.

J'ai || é-té || souil-lé || de || vi-ces || dès
l'ins-tant || de || ma || for-ma-ti-on || et
ma || mè-re || ma || con-çu || en || pé-ché.

Mais || pour-tant || com-me || vous
a-vez || tou-jours || ai-mé || la || vé-ri-té
aus-si || vous || a-t-il || plu || de || me
ré-vé-ler || les || mys-tè-res || se-crets
de || vo-tre || di-vi-ne || sa-ges-se.

Ar-ro-sez-moi || de || l'hys-so-pe
et || je || se-rai || net-to-yé || la-vez-moi
et || je || de-vien-drai || plus || blanc
que || n'est || la || nei-ge.

Fai-tes-moi || en-ten-dre || la

F

voix‖in-té-ri-eu-re ‖ de‖vo-tre‖Saint-Es-prit ‖ qui ‖ me ‖ com-ble-ra ‖ de joi-e ‖ et ‖ el-le ‖ i-ra ‖ jus-que ‖ dans mes ‖ os ‖ af-foi-blis ‖ par ‖ le‖tra-vail.

Dé-tour-nez ‖ vos ‖ yeux ‖ de ‖ mes pé-chés ‖ et ‖ ef-fa-cez ‖ les ‖ ta-ches de ‖ mes ‖ i-ni-qui-tés.

Mon ‖ Dieu ‖ met-tez ‖ un ‖ cœur net ‖ dans ‖ mon ‖ sein ‖ re-nou-ve-lez ‖ dans ‖ mes ‖ en-trail-les ‖ l'es-prit d'in-no-cen-ce.

Ne ‖ me ‖ con-dam-nez ‖ point ‖ à de-meu-rer ‖ é-loi-gné ‖ de ‖ vo-tre pré-sen-ce ‖ ne ‖ re-ti-rez ‖ point ‖ de moi ‖ vo-tre ‖ Saint-Es-prit.

Ren-dez ‖ à ‖ mon ‖ a-me ‖ la ‖ joi-e qu'el-le ‖ re-ce-vra ‖ dès ‖ que ‖ vous se-rez ‖ son ‖ sa-lut ‖ et ‖ as-su-rez si ‖ bien ‖ mes ‖ for-ces ‖ par ‖ vo-tre Es-prit ‖ que ‖ je ‖ ne ‖ trem-ble ‖ plus

J'en-sei-gne-rai ‖ vos ‖ voi-es ‖ aux mé-chans ‖ et ‖ les ‖ im-pi-es ‖ con-ver-tis ‖ im-plo-re-ront ‖ vo-tre ‖ mi-sé-ri-cor-de.

O ‖ mon ‖ Dieu ‖ le ‖ Dieu ‖ de mon ‖ sa-lut ‖ pur-gez-moi ‖ du ‖ cri-me ‖ d'ho-mi-ci-de ‖ et ‖ ma ‖ lan-gue s'es-ti-me-ra ‖ heu-reu-se ‖ de ‖ ra-con-ter ‖ les ‖ mi-ra-cles ‖ de ‖ vo-tre jus-ti-ce.

Sei-gneur ‖ ou-vrez ‖ s'il ‖ vous plaît ‖ mes ‖ lè-vres ‖ et ‖ ma ‖ bou-che aus-si-tôt ‖ an-non-ce-ra ‖ vos ‖ lou-an-ges.

Car ‖ si ‖ vous ‖ eus-si-ez ‖ vou-lu des ‖ sa-cri-fi-ces ‖ j'eus-se ‖ te-nu ‖ à hon-neur ‖ d'en ‖ char-ger ‖ vos ‖ au-tels ‖ mais ‖ je ‖ sais ‖ bien ‖ que ‖ les ho-lo-caus-tes ‖ ne ‖ peu-vent ‖ ap-pai-ser ‖ vo-tre ‖ cour-roux.

Un || es-prit || af-fli-gé || du || re-gret
de || ses || pé-chés || est || le || sa-cri-fi-ce
a-gré-a-ble || à || Dieu || mon || Dieu
vous || ne || mé-pri-se-rez || point || un
cœur || con-trit || et || hu-mi-li-é.

Sei-gneur || fa-vo-ri-sez || la || vil-le
de || Si-on || sui-vant || vo-tre || bon-té
ac-cou-tu-mé-e || et || per-met-tez
que || les || mu-rail-les || de || Jé-ru-
sa-lem || soi-ent || re-le-vé-es.

A-lors || vous || a-gré-e-rez || les || sa-
cri-fi-ces || de || jus-ti-ce || vous || ac-cep-
te-rez || nos || o-bla-ti-ons || et || nos
ho-lo-caus-tes || et || l'on || of-fri-ra
des || veaux || sur || vos || au-tels.

Gloi-re || soit || au || Pè-re || etc.

PSEAU-ME || 101.

SEi-gneur || ex-au-cez || ma || pri-è-
re || et || per-met-tez || que || mon
cri || ail-le || jus-ques || à || vous.

Ne ‖ dé-tour-nez ‖ point ‖ vo-tre vi-sa-ge ‖ de ‖ des-sus ‖ ma ‖ mi-sè-re mais ‖ prê-tez ‖ l'o-reil-le ‖ à ma voix quand ‖ je ‖ suis ‖ en ‖ af-flic-ti-on.

En ‖ quel-que ‖ temps ‖ que ‖ je vous ‖ in-vo-que ‖ ex-au-cez-moi promp-te-ment.

Par-ce ‖ que ‖ mes ‖ jours ‖ s'é-cou-lent ‖ com-me ‖ la ‖ fu-mé-e ‖ et ‖ mes os ‖ se ‖ con-su-ment ‖ com-me ‖ un ti-son ‖ dans ‖ le ‖ feu.

Mon ‖ cœur ‖ ou-tré ‖ de ‖ tris-tes-se ‖ me ‖ fait ‖ res-sem-bler ‖ à ‖ cette her-be ‖ cou-pé-e ‖ qui ‖ est ‖ sans vi-gueur ‖ et ‖ mon ‖ a-me ‖ est ‖ si af-fli-gé-e ‖ que ‖ j'ou-bli-e ‖ de man-ger ‖ mon ‖ pain.

A ‖ for-ce ‖ de ‖ me ‖ plain-dre ‖ et de ‖ sou-pi-rer ‖ mes ‖ os ‖ tien-nent à ‖ ma ‖ peau.

Je || res-sem-ble || au || pé-li-can
dans || le || dé-sert || ou ||à||la||chou-et-
te || en-ne-mi-e || de || la || lu-mi-è-re
qui || se || ti-ent || dans || les || trous
d'u-ne || mai-son.

Je || ne || re-po-se || point || tou-tes
les || nuits || je || de-meu-re || so-li-
tai-re || com-me || le || pas-se-reau
dans || son || nid.

Mes || en-ne-mis || me || font || des
re-pro-ches || tout || le || long || de || la
jour-né-e || et || ceux || qui || m'ont
don-né || des || lou-an-ges || se || sont
ef-for-cés || de || me || dés-ho-no-rer.

Vo-yant || que || je || man-geois
de || la || cen-dre || au || lieu || de
pain || et || que || je || mê-lois || mon
breu-va-ge || a-vec || l'eau || de || mes
pleurs.

De-vant ||la|| pré-sen-ce || de || vo-

tre || co-lè-re || et || de || vo-tre || in-
di-gna-ti-on || puis-que || a-près || m'a-
voir || é-le-vé || vous || m'avez || si
fort || a-bat-tu.

Mes || jours || sont || com-me || l'om-
bre || du || soir || qui || s'obs-cur-cit
et || s'a-lon-ge || la || nuit || ap-pro-
chant || le || cha-grin || me || fait || sé-
cher || com-me || le || foin.

Mais || vous || Sei-gneur || qui || de-
meu-rez || é-ter-nel-le-ment || la || mé-
moi-re || de || vo-tre || nom || se-ra
im-mor-tel-le || pas-sant || de || gé-né-
ra-ti-on || en || gé-né-ra-ti-on.

Tour-nez || vos || re-gards || sur || Si-on
quand || vous || re-vien-drez || de || vo-
tre || som-meil || pre-nez || pi-ti-é || de
ses || mi-sè-res || puis-qu'il || est || temps
de || lui || par-don-ner.

Il || est || vrai || que || ses || pri-è-res

sont ‖ tel-le-ment ‖ chè-res ‖ à ‖ vos ser-vi-teurs ‖ qu'ils ‖ ont ‖ re-gret ‖ de voir ‖ u-ne ‖ si ‖ bel-le ‖ vil-le ‖ dé-trui-te.

A-lors ‖ Sei-gneur ‖ vo-tre ‖ nom se-ra ‖ re-dou-té ‖ par ‖ tou-tes ‖ les na-ti-ons ‖ et ‖ vo-tre ‖ gloi-re ‖ é-pou-van-te-ra ‖ tous ‖ les ‖ Rois ‖ de ‖ la ter-re.

Quand ‖ on ‖ sau-ra ‖ que ‖ vous a-vez ‖ re-bâ-ti ‖ Si-on ‖ où ‖ le ‖ Sei-gneur ‖ pa-roî-tra ‖ dans ‖ sa ‖ gloi-re.

Il ‖ re-gar-de-ra ‖ fa-vo-ra-ble-ment la ‖ pri-è-re ‖ des ‖ hum-bles ‖ et ‖ ne tien-dra ‖ point ‖ leur ‖ sup-pli-ca-ti-on ‖ di-gne ‖ de ‖ mé-pris.

Tou-tes ‖ ces ‖ cho-ses ‖ se-ront con-si-gné-es ‖ dans ‖ l'his-toi-re pour ‖ l'ins-truc-ti-on ‖ de ‖ la ‖ pos-té-ri-té ‖ qui ‖ en ‖ don-ne-ra ‖ des lou-an-ges ‖ au ‖ Sei-gneur.

Il

Il ‖ re-gar-de ‖ i-ci ‖ bas ‖ du ‖ saint
lieu ‖ où ‖ son ‖ Trô-ne ‖ est ‖ é-le-
vé ‖ et ‖ du ‖ Ciel ‖ où ‖ il ‖ ré-si-de
il ‖ jè-te ‖ ses ‖ yeux ‖ sur ‖ la ‖ ter-re.

Pour ‖ en-ten-dre ‖ les ‖ cris ‖ de ‖ ceux
qui ‖ sont ‖ dans ‖ les ‖ fers ‖ et ‖ pour
rom-pre ‖ les ‖ chaî-nes ‖ de ‖ ceux
qui ‖ sont ‖ con-dam-nés ‖ à ‖ la ‖ mort.

A-fin ‖ que ‖ le ‖ nom ‖ du ‖ Sei-
gneur ‖ soit ‖ ho-no-ré ‖ dans ‖ Si-on
et ‖ que ‖ sa ‖ lou-an-ge ‖ soit ‖ chan-
té-e ‖ en ‖ Jé-ru-sa-lem.

Quand ‖ tous ‖ les ‖ Peu-ples ‖ s'as-
sem-ble-ront ‖ que ‖ les ‖ Ro-yau-
mes ‖ s'u-ni-ront ‖ pour ‖ le ‖ ser-vir
et ‖ pour ‖ a-do-rer ‖ son ‖ pou-voir.

Mais ‖ je ‖ sens ‖ qu'il ‖ a-bat ‖ mes
for-ces ‖ par ‖ la ‖ lon-gueur ‖ du
che-min ‖ il ‖ a ‖ di-mi-nu-é ‖ le
nom-bre ‖ de ‖ mes ‖ jours.

C'est || pour-quoi || je || m'a-dres-se
à || mon || Dieu || et || j'ai || dit || Sei-
gneur||ne||m'ô-tez|| par || du || mon-de
au || mi-lieu || de || ma || vi-e || vos'
an-né-es || ne || fi-ni-ront || ja-mais.

Car || c'est || vous || qui || dès || le
com-men-ce-ment || a-vez || as-su-ré
les || fon-de-mens || de || la || ter-re
et || les || Cieux || sont || les || œu-vres
de || vos || mains.

Mais || ils || pé-ri-ront || et || il || n'y
au-ra || que || vous ||seul || de || per-ma-
nent || et || tou-tes || cho-ses || vieil-
li-ront || com-me || le || vê-te-ment.

Et || vous || les || chan-ge-rez || com-
me||un|| man-teau||ou||com-me||un
pa-vil-lon||et||vous||se-rez||tou-jours
le || mê-me || que || vous || a-vez || é-té
sans || que || vos || an-né-es || pren-
nent || ja-mais   de || fin.

Tou-te-fois ‖ les ‖ en-fans ‖ de ‖ vos
ser-vi-teurs ‖ au-ront ‖ u-ne ‖ de-meu-re
as-su-ré-e ‖ et ‖ ceux ‖ qui ‖ naî-tront
d'eux ‖ jou-i-ront ‖ en ‖ vo-tre ‖ pré-
sen-ce ‖ d'u-ne ‖ gran-de ‖ fé-li-ci-té.

Gloi-re ‖ soit ‖ au ‖ Pè-re ‖ etc.

PSEAU-ME ‖ 129.

SEi-gneur ‖ je ‖ me ‖ suis ‖ é-cri-é
vers ‖ vous ‖ du ‖ pro-fond ‖ a-by-
me ‖ de ‖ mes ‖ en-nuis ‖ Sei-gneur
é-cou-tez ‖ ma ‖ voix.

Ren-dez ‖ s'il ‖ vous ‖ plaît ‖ vos
o-reil-les ‖ at-ten-ti-ves ‖ aux ‖ tris-tes
âc-cens ‖ de ‖ mes ‖ plain-tes.

Sei-gneur ‖ si ‖ vous ‖ ex-a-mi-nez
de ‖ près ‖ nos ‖ of-fen-ses ‖ qui ‖ est-ce
qui ‖ pour-ra ‖ sou-te-nir ‖ les ‖ ef-
forts ‖ de ‖ vo-tre ‖ co-lè-re.

Mais ‖ la ‖ clé-men-ce ‖ et ‖ le ‖ par-don ‖ se ‖ trou-vent ‖ chez ‖ vous ‖ ce qui ‖ est ‖ cau-se ‖ que ‖ vous ‖ ê-tes craint ‖ et ‖ ré-vé-ré ‖ et ‖ que ‖ j'at-tends ‖ l'ef-fet ‖ de ‖ vos ‖ pro-mes-ses Mon ‖ a-me ‖ s'é-tant ‖ as-su-ré-e sur ‖ vo-tre ‖ pa-ro-le ‖ a ‖ mis ‖ tou-tes ‖ ses ‖ es-pé-ran-ces ‖ en ‖ Dieu.

Ain-si ‖ de-puis ‖ la ‖ gar-de ‖ as-si-se dès ‖ l'au-be ‖ du ‖ jour ‖ jus-qu'à ‖ la sen-ti-nel-le ‖ de ‖ la ‖ nuit ‖ Is-ra-ël es-pè-re ‖ tou-jours ‖ au ‖ Sei-gneur.

Car ‖ il ‖ y ‖ a ‖ dans ‖ le ‖ Sei-gneur u-ne ‖ plé-ni-tu-de ‖ de ‖ mi-sé-ri-cor-de ‖ et ‖ u-ne ‖ a-bon-dan-ce ‖ de grâ-ce ‖ pour ‖ nous ‖ ra-che-ter.

Et ‖ c'est ‖ lui-mê-me ‖ qui ‖ ra-che-te-ra ‖ son ‖ peu-ple ‖ de ‖ tous ses ‖ pé-chés.

Gloi-re ‖ soit ‖ au ‖ Pè-re ‖ au ‖ Fils et ‖ au ‖ Saint-Es-prit ‖ etc.

PSEAU-ME ‖ 142.

SEi-gneur ‖ ex-au-cez ‖ ma ‖ pri-è-
re ‖ prê-tez ‖ l'o-reil-le ‖ à ‖ mon
o-rai-son ‖ en-ten-dez-moi ‖ se-lon
la ‖ vé-ri-té ‖ de ‖ vos ‖ pro-mes-ses
et ‖ se-lon ‖ vo-tre ‖ jus-ti-ce.

N'en-trez ‖ point ‖ en ‖ ju-ge-ment
a-vec ‖ vo-tre ‖ ser-vi-teur ‖ car ‖ au-
cun ‖ ne ‖ se ‖ peut ‖ ja-mais ‖ jus-ti-
fi-er ‖ de-vant ‖ vous.

L'en-ne-mi ‖ qui ‖ ma ‖ per-sé-cu-té
sans ‖ me ‖ don-ner ‖ un ‖ mo-ment
de ‖ re-lâ-che ‖ ma ‖ pres-que ‖ ré-
duit ‖ à ‖ ex-pi-rer ‖ en ‖ mort ‖ dans
la ‖ pous-si-è-re.

Il ‖ m'a ‖ je-té ‖ dans ‖ l'hor-reur
des ‖ té-nè-bres ‖ et ‖ com-me ‖ si ‖ j'é-
tois ‖ dé-jà ‖ mort ‖ au ‖ mon-de ‖ mon
es-prit ‖ se ‖ trou-ve ‖ a-gi-té ‖ par

beau-coup ‖ d'in-qui-é-tu-des ‖ et
mon ‖ cœur ‖ se ‖ con-su-me ‖ de
dou-leur.

Mais ‖ je ‖ me ‖ suis ‖ con-so-lé
par ‖ le ‖ sou-ve-nir ‖ des ‖ temps
pas-sés ‖ dis-cou-rant ‖ en ‖ mon ‖ es-
prit ‖ de ‖ vos ‖ ac-ti-ons ‖ mer-veil-
leu-ses ‖ en ‖ fa-veur ‖ des ‖ pè-res
et ‖ mé-di-tant ‖ sur ‖ les ‖ ou-vra-ges
de ‖ vos ‖ mains.

Je ‖ vous ‖ tends ‖ les ‖ mien-nes
et ‖ mon ‖ a-me ‖ vous ‖ dé-si-re
a-vec ‖ au -tant ‖ d'im-pa-ti-en-ce
que ‖ la ‖ ter-re ‖ sè-che ‖ at-tend
de ‖ l'eau.

Sei-gneur ‖ ex-au-cez-moi ‖ donc
promp-te-ment ‖ car ‖ mes ‖ for-ces
me ‖ quit-tent ‖ et ‖ mon ‖ es-prit
est ‖ dé-jà ‖ sur ‖ le ‖ bord ‖ de ‖ mes
lè-vres.

Ne ‖ dé-tour-nez ‖ point ‖ de ‖ moi
vo-tre ‖ vi-sa-ge ‖ a-fin ‖ que ‖ je ‖ ne
de-vien-ne ‖ point ‖ sem-bla-ble ‖ à
ceux ‖ qui ‖ des-cen-dent ‖ dans
l'a-by-me.

Mais ‖ plu-tôt ‖ qu'il ‖ vous ‖ plaise ‖ me ‖ fai-re ‖ en-ten-dre ‖ dès ‖ le
ma-tin ‖ la ‖ voix ‖ de ‖ vo-tre ‖ mi-sé-
ri-cor-de ‖ puis-que ‖ c'est ‖ en ‖ vous
que ‖ j'ai ‖ mis ‖ mon ‖ es-pé-ran-ce.

Mon-trez-moi ‖ le ‖ che-min ‖ par
le-quel ‖ je ‖ dois ‖ mar-cher ‖ dès
que ‖ mon ‖ a-me ‖ est ‖ tou-jours
é-le-vé-e ‖ vers ‖ vous.

Sei-gneur ‖ dé-li-vrez-moi ‖ du
pou-voir ‖ de ‖ mes ‖ en-ne-mis ‖ je
me ‖ jè-te ‖ en-tre ‖ vôs ‖ bras ‖ en-sei-
gnez-moi ‖ à ‖ fai-re ‖ vo-tre ‖ vo-lon-
té ‖ car ‖ vous ‖ ê-tes ‖ mon ‖ Dieu.

Vo-tre ‖ es-prit ‖ qui ‖ est ‖ bon

me ‖ con-dui-ra ‖ par ‖ u-ne ‖ ter-re
u-ni-e ‖ et ‖ pour ‖ la ‖ gloi-re ‖ de
vo-tre ‖ nom ‖ Sei-gneur ‖ vous ‖ me
re-don-nez ‖ des ‖ for-ces ‖ et ‖ la
vi-gueur ‖ se-lon ‖ vo-tre ‖ é-qui-té.

Dé-li-vrez ‖ mon ‖ a-me ‖ des ‖ af-
flic-ti-ons ‖ qui ‖ l'op-pres-sent ‖ et
me ‖ fai-sant ‖ sen-tir ‖ les ‖ ef-fets
de ‖ vo-tre ‖ mi-sé-ri-cor-de ‖ ex-ter-
mi-nez ‖ mes ‖ en-ne-mis.

Per-dez ‖ tous ‖ ceux ‖ qui ‖ tâ-chent
de ‖ m'ô-ter ‖ la ‖ vi-e ‖ par ‖ les ‖ pei-nes
qu'ils ‖ don-nent ‖ à ‖ mon ‖ es-prit
car ‖ je ‖ suis ‖ vo-tre ‖ ser-vi-teur.

Gloi-re ‖ soit ‖ au ‖ Pè-re ‖ etc.

LES ‖ VÊ-PRES

DU ‖ DI-MAN-CHE.

PSEAU-ME ‖ 109.

LE ‖ Sei-gneur ‖ a ‖ dit ‖ à ‖ mon Sei-gneur ‖ so-yez ‖ as-sis ‖ à ma ‖ droi-te.

Tan-dis ‖ que ‖ ter-ras-sant ‖ vos en-ne-mis ‖ je ‖ les ‖ fe-rai ‖ ser-vir d'es-ca-beau ‖ à ‖ vos ‖ pieds.

Le ‖ Sei-gneur ‖ fe-ra ‖ sor-tir ‖ de Si-on ‖ le ‖ scep-tre ‖ de ‖ vo-tre ‖ puis-san-ce ‖ pour ‖ é-ten-dre ‖ vo-tre ‖ em-pi-re ‖ au ‖ mi-lieu ‖ des ‖ Na-ti-ons qui ‖ vous ‖ sont ‖ en-ne-mi-es.

Vo-tre ‖ peu-ple ‖ se ‖ ran-ge-ra au-près ‖ de ‖ vous ‖ au ‖ jour ‖ de vo-tre ‖ for-ce ‖ é-tant ‖ re-vê-tu ‖ de

H

la‖splen-deur‖de‖vos‖Saints‖dès‖le
mo-ment ‖ de ‖ vo-tre ‖ nais-san-ce
qui ‖ pa-roî-tra ‖ au ‖ mon-de ‖ comme ‖ la ‖ ro-sé-e ‖ de ‖ l'au-ro-re.

Le ‖ Sei-gneur ‖ a ‖ ju-ré ‖ et ‖ il
ne ‖ se ‖ ré-trac-te-ra ‖ point ‖ vous
ê-tes (dit-il) Prê-tre ‖ é-ter-nel-le-
ment ‖ se-lon ‖ l'ordre ‖ de ‖ Mel-
chi-se-dech.

Le ‖ Sei-gneur ‖ est ‖ à ‖ vos ‖ cô-
tés ‖ il ‖ bri-se-ra ‖ l'or-gueil ‖ des
Rois ‖ au ‖ jour ‖ de ‖ sa ‖ fu-reur.

Il ‖ ex-er-ce-ra ‖ sa ‖ jus-ti-ce ‖ sur
tou-tes ‖ les Na-ti-ons ‖ il ‖ cou-
vri-ra ‖ les ‖ champs ‖ de ‖ corps
morts ‖ et ‖ cas-se-ra ‖ la ‖ tê-te ‖ à
plu-sieurs ‖ mu-tins ‖ qui ‖ sont ‖ sur
la ‖ ter-re.

Il ‖ boi-ra ‖ en ‖ che-min ‖ des
eaux ‖ du ‖ tor-rent ‖ et ‖ par ‖ là

il ‖ s'é-le-ve-ra ‖ dans ‖ la ‖ gloi-re.

Gloi-re ‖ soit ‖ au ‖ Pè-re ‖ etc.

PSEAU-ME ‖ 110.

SEi-gneur ‖ je ‖ con-fes-se-rai ‖ vos lou-an-ges ‖ de ‖ tout ‖ mon ‖ cœur les ‖ pu-bli-ant ‖ en ‖ l'as-sem-blé-e des ‖ jus-tes ‖ et ‖ en ‖ la ‖ con-gré-ga-ti-on ‖ des ‖ fi-dè-les.

Les ‖ ou-vra-ges ‖ du ‖ Sei-gneur sont ‖ grands ‖ et ‖ ceux ‖ qui ‖ les con-si-dè-rent ‖ ne ‖ se ‖ peu-vent las-ser ‖ de ‖ les ‖ ad-mi-rer.

La ‖ gloi-re ‖ et ‖ la ma-gni-fi-cen-ce ‖ pa-rois-sent ‖ dans ‖ les ‖ ou-vra-ges ‖ de ‖ ses ‖ mains ‖ sa ‖ jus-ti-ce ‖ de-meu-re ‖ in-vi-o-la-ble pen-dant ‖ l'é-ter-ni-té.

Il ‖ nous ‖ fait ‖ cé-lé-brer ‖ la ‖ mé-moi-re ‖ de ‖ ses ‖ mer-veil-les ‖ le ‖ bon

et || mi-sé-ri-cor-di-eux || Sei-gneur
qu'il || est || il || nour-rit || ceux || qui
le || ser-vent || a-vec || crain-te.

Il || n'y || a || point || de || si-è-cle || ni || de
du-ré-e || qui || lui || fas-se || per-dre
le || sou-ve-nir || de || son || al-li-an-ce
il || fe-ra || pa-roî-tre || à || son || peu-ple
la || ver-tu || de || ses || ex-ploits.

Il || aug-men-te-ra || son || hé-ri-ta-ge
par || des || biens || des || Na-ti-ons || in-
fi-dè-les || et || l'on || ver-ra || par || les
ou-vra-ges || de || ses || mains || la || vé-
ri-té || de || ses || pro-mes-ses || et || l'in-
fail-li-bi-li-té || de || ses || ju-ge-mens.

Rien || ne || pour-ra || ja-mais || é-bran-
ler || la || for-ce || de || ses || lois || fon-dé-es
sur || la || du-ré-e || de || l'é-ter-ni-té
com-po-sé-es || se-lon || les || rè-gles
de || la || vé-ri-té || et || de || la || jus-ti-ce.

Il || lui || a || plu || d'en-vo-yer || la

ré-demp-ti-on ‖ à ‖ son ‖ peu-ple ‖ et
de ‖ fai-re ‖ a-vec ‖ lui ‖ u-ne ‖ al-li-an-
ce ‖ qui ‖ de-meu-rât ‖ tou-jours.

Son ‖ nom ‖ saint ‖ re-dou-ta-ble
nous‖fait‖as-sez‖ voir‖que ‖ le ‖ com-
men-ce-ment ‖ de ‖ la ‖ sa ges-se ‖ est
la ‖ crain-te ‖ du ‖ Sei-gneur.

En ‖ ef-fet ‖ il ‖ n'y ‖ a ‖ que ‖ des
per-son-nes ‖ bien ‖ a-vi-sé-es ‖ qui
ob-ser-vent ‖ ces ‖ pré-cep-tes ‖ et
leurs ‖ lou-an-ges ‖ sub-sis-te-ront
du-rant ‖ tou-te ‖ l'é-ter-ni-té.

Gloi-re ‖ soit ‖ au ‖ Pè-re ‖ etc.

PSEAU-ME ‖ III.

HEu-reux ‖ est ‖ l'hom-me ‖ qui
sert ‖ le ‖ Sei-gneur ‖ a-vec
crain-te ‖ il ‖ ne ‖ trou-ve ‖ point ‖ de
plai-sir ‖ qui ‖ é-ga-le ‖ ce-lui ‖ d'e-xé
cu-ter ‖ ses ‖ Com-man-de-mens.

Sa ‖ pos-té-ri-té ‖ se-ra ‖ puis-san-te sur ‖ la ‖ ter-re ‖ la ‖ ra-ce ‖ des ‖ jus-tes se-ra ‖ com-blé-e ‖ de ‖ bé-né-dic-ti-ons.

La ‖ gloi-re ‖ et ‖ les ‖ ri-ches-ses ren-dront ‖ sa ‖ mai-son ‖ flo-ris-san-te et ‖ son ‖ é-qui-té ‖ sub-sis-te-ra é-ter-nel-le-ment.

Ain-si ‖ la ‖ lu-mi-è-re ‖ se ‖ ré-pand sur ‖ les ‖ bons ‖ par-mi ‖ les ‖ té-nè-bres ‖ par-ce ‖ que ‖ le ‖ Sei-gneur est ‖ jus-te ‖ pi-to-ya-ble ‖ et ‖ mi-sé-ri-cor-dieux.

L'hóm-me ‖ qui ‖ est ‖ sen-si-ble aux ‖ af-flic-ti-ons ‖ de ‖ son ‖ pro-chain ‖ l'as-sis-tant ‖ se-lon ‖ sa ‖ com-mo-di-té ‖ est ‖ heu-reux ‖ qui (dis je) rè-gle ‖ ses ‖ pa-ro-les ‖ et ‖ ses ‖ ac-ti-ons ‖ sur ‖ les ‖ pré-cep-tes ‖ de ‖ la jus-ti-ce ‖ ne ‖ tom-be-ra ‖ ja-mais,

Sa || mé-moi-re || se-ra || im-mor-
tel-le || et || il || ne || crain-dra || point
que || les || lan-gues || mé-di-san-tes
dés-ho-no-rent || sa || ré-pu-ta-ti-on.

Son||cœur||est ||dis-po-sé||à || met-
tre || tou-te || sa || con-fi-an-ce || au
Sei-gneur || sans || a-voir || au-cu-ne
pen-sé-e || de || l'en || dé-tour-ner ||ja-
mais || il || ne || craint || rien || et || il
at-tend ||avec|| cons-tan-ce || la || dé-
rou-te || de || ses || en-ne-mis.

Et || par-ce || que || dans || la || dis-
tri-bu-ti-on || de || ses || biens || il || en
a || u-sé || li-bé-ra-le-ment || en-vers
les || né-ces-si-teux || sa || jus-ti-ce || de-
meu-re-ra || é-ter-nel-le-ment || et
sa || puis-san-ce || se-ra || ho-no-ré-e
de || tout || le || mon-de.

Les || mé-chans || vo-yant || ce-la
cré-ve-ront || de || dé-pit || et || de ||ra-

ge ‖ ils ‖ en ‖ grin-ce-ront ‖ les ‖ dents
ils ‖ en ‖ sé-che-ront ‖ de ‖ co-lè-re
mais ‖ ils ‖ se-ront ‖ frus-trés ‖ en ‖ leur
at-ten-te ‖ car ‖ les ‖ dé-sirs ‖ des ‖ mé-
chans ‖ pé-ri-ront.

Gloi-re ‖ soit ‖ au ‖ Pè-re ‖ etc.

PSEAU-ME ‖ 112.

EN-fans ‖ qui ‖ ê-tes ‖ ap-pe-lés
au ‖ ser-vi-ce ‖ du ‖ Sei-gneur
lou-ez ‖ son ‖ saint ‖ Nom.

Que ‖ le ‖ nom ‖ du ‖ Sei-gneur ‖ soit
bé-ni ‖ dès ‖ à ‖ pré-sent ‖ et ‖ pen-
dant ‖ tou-te ‖ l'é-ter-ni-té.

Car ‖ de-puis ‖ le ‖ So-leil ‖ le-vant
jus-qu'au ‖ point ‖ qu'il ‖ se ‖ cou-che
le ‖ nom ‖ du ‖ Sei-gneur ‖ mé-ri-te
des ‖ lou-an-ges.

Le ‖ Sei-gneur ‖ est ‖ ex-al-té ‖ par-
des-sus ‖ tou-tes ‖ les ‖ Na-ti-ons ‖ sa
gloi-re.

gloi-re ‖ est ‖ é-le-vé-e ‖ par-des-sus les ‖ Cieux.

Qui ‖ est-ce ‖ donc ‖ qui ‖ peut en-trer ‖ en ‖ com-pa-rai-son ‖ a-vec le ‖ Sei-gneur ‖ no-tre ‖ Dieu ‖ qui de-meu-re ‖ là-haut ‖ et ‖ qui ‖ s'a-bais-se ‖ tou-te-fois ‖ jus-qu'à ‖ con-si-dé-rer les ‖ cho-ses ‖ qui ‖ sont ‖ dans ‖ le Ciel ‖ et ‖ sur ‖ la ‖ ter-re.

Il ‖ re-lè-ve ‖ les ‖ mi-sé-ra-bles ‖ de la ‖ pous-si-è-re ‖ et ‖ re-ti-re ‖ les plus ‖ pau-vres ‖ de ‖ la ‖ fan-ge.

Pour ‖ les ‖ é-ta-blir ‖ dans ‖ les char-ges ‖ ho-no-ra-bles ‖ pour ‖ leur fai-re ‖ part ‖ du ‖ gou-ver-ne-ment des ‖ af-fai-res ‖ a-vec ‖ les ‖ Prin-ces de ‖ son ‖ peu-ple.

Qui ‖ rend ‖ fé-con-de ‖ la ‖ fem-me sté-ri-le ‖ et ‖ la ‖ rend ‖ jo-yeu-se ‖ la ‖ fai-sant ‖ mè-re ‖ de ‖ plu-sieurs ‖ en-fans.

I

Gloi-re || soit || au || Pè-re || etc.

PSEAUME 113.

EN || cet-te || mé-mo-ra-ble || sor-
ti-e || que || fit || Is-ra-ël || hors || de
l'É-gyp-te || a-près || que || la || mai-son
de || Ja-cob || fut || dé-li-vré-e || de || la
cap-ti-vi-té || où || el-le || é-toit || ré-
dui-te || chez || un || peu-ple || bar-ba-re.

Dieu || choi-sit || la || Ju-dé-e || pour
y || dres-ser || son || sanc-tu-ai-re || et
pour || é-ta-blir || son || Em-pi-re || en
Is-ra-ël.

La || Mer || vit || cet-te || hau-te
en-tre-pri-se || et || prit || la || fui-te
et || le || Jour-dain || ar-rê-tant || ses
eaux || les || fit || re-mon-ter || du
cô-té || de || sa || sour-ce.

Les || mon-ta-gnes || ont || sau-té
com-me || des || be-li-ers || et || les

col-li-nes || ont || tres-sail-li || de ||joi-e
dans || la || plai-ne || com-me || de
pe-tits || a-gneaux || au-près || de
leurs || mè-res.

Mais || di-tes-nous || gran-de || Mer
qui || est-ce || qui || vous || é-pou-van-
ta || si || fort || que || vous || vous || re-
ti-râ-tes || en || fu-yánt || et || vous
fleu-ve || du || Jour-dain || qui || vous
fit || re-tour-ner || en || ar-ri-è-re.

Vous || mon-ta-gnes || pour-quoi
bon-dis-sez-vous || com-me || des
a-gneaux || au-près || des || mè-res.

C'est || que || de-vant || la || fa-ce
du || Sei-gneur || la || ter-re || s'est
é-mu-e || c'est || qu'el-le || a || sen-ti || les
a-gi-ta-ti-ons || de || la || crain-te || en
la || pré-sen-ce || du || Dieu || de || Ja-cob.

Qui || fait || sor-tir || les || é-tangs
de || la || pier-re || et || qui || con-ver-

tit || les || ro-chers || en || fon-tai-nes.

Non || point || à || nous || Sei-gneur non || point || à || nous || mais || à || vo-tre || nom || don-nez || la || gloi-re || qui lui || ap-par-tient.

A || cau-se || de || la || gran-deur || de vo-tre || mi-sé-ri-cor-de || et || de vos || pro-mes-ses || a-fin || que || les Na-ti-ons || ne || di-sent || point || où est || leur || Dieu.

Car || il || est || au || Ciel || où || il || fait tout || ce || qu'il || lui || plaît || sans || que sa || puis-san-ce || soit || li-mi-té-e.

Mais || les || si-mu-la-cres || des || Gen-tils || sont || or || et || ar-gent || ou-vra-ges || des || mains || des || hom-mes.

Ils || ont || u-ne || bou-che || et || ne par-lent || point || ils || ont || des || yeux et || ne || voi-ent || rien,

Ils || ne || sont || pas || ca-pa-bles

d'é-cou-ter ‖ a-vec ‖ leurs ‖ o-reil-les
ni ‖ de ‖ flai-rer ‖ a-vec ‖ leurs ‖ na-
ri-nes.

Leurs ‖ mains ‖ sont ‖ i-nu-ti-les
pour ‖ tou-cher ‖ leurs ‖ pieds ‖ sont
in-ca-pa-bles ‖ de ‖ mar-cher ‖ ils
ne ‖ sau-roient ‖ ren-dre ‖ au-cun
son ‖ de ‖ leur ‖ gor-ge.

Que ‖ ceux-là ‖ qui ‖ les ‖ font ‖ leur
puis-sent ‖ res-sem-bler ‖ et ‖ tous ‖ les
hom-mes ‖ qui ‖ met-tent ‖ en ‖ eux
leur ‖ con-fi-an-ce.

La ‖ mai-son ‖ d'Is-ra-ël ‖ a ‖ mis
tou-te ‖ son ‖ es-pé-ran-ce ‖ au ‖ Sei-
gneur ‖ qui ‖ est ‖ prêt ‖ à ‖ son ‖ se-cours
car ‖ il ‖ est ‖ son ‖ pro-tec-teur.

La ‖ mai-son ‖ d'A-a-ron ‖ a ‖ es-pé-ré
en ‖ sa ‖ seu-le ‖ bon-té ‖ il ‖ est ‖ son
ap-pui ‖ et ‖ son ‖ pro-tec-teur.

Ceux ‖ qui ‖ crai-gnent ‖ le ‖ Seigneur ‖ se ‖ con-fi-ent ‖ en ‖ lui ‖ il est ‖ leur ‖ ré-fu-ge ‖ et ‖ leur ‖ pro-tec-teur.

Le ‖ Sei-gneur ‖ s'est ‖ sou-ve-nu de ‖ nous ‖ et ‖ nous ‖ a ‖ don-né ‖ sa bé-né-dic-ti-on ‖ il ‖ a ‖ com-blé ‖ de fa-veurs ‖ la ‖ mai-son ‖ d'Is-ra-ël ‖ il a ‖ bé-ni ‖ la ‖ mai-son ‖ d'A-a-ron.

Il ‖ a ‖ ré-pan-du ‖ ses ‖ grâ-ces sur ‖ tous ‖ ceux ‖ qui ‖ ré-vè-rent sa ‖ puis-san-ce ‖ de-puis ‖ les ‖ plus grands ‖ jus-qu'aux ‖ plus ‖ pe-tits.

Que ‖ le ‖ Sei-gneur ‖ vous ‖ fa-vo-ri-se ‖ in-ces-sam-ment ‖ vous ‖ et vos ‖ en-fans.

Puis-que ‖ vous ‖ ê-tes ‖ ai-més ‖ de ce ‖ Sei-gneur ‖ qui ‖ a ‖ fait ‖ le Ciel ‖ et ‖ la ‖ Ter-re.

Le ‖ Ciel ‖ très-haut ‖ que ‖ le Sei-gneur ‖ a ‖ choi-si ‖ pour ‖ sa ‖ de-

meu-re ‖ et ‖ la ‖ Ter-re ‖ qu'il ‖ a
don-né-e ‖ aux ‖ en-fans ‖ des ‖ hom-
mes ‖ a-fin ‖ d'y ‖ ha-bi-ter.

  Tou-te-fois ‖ Sei-gneur ‖ les ‖ morts
ne ‖ vous ‖ lou-ent ‖ point ‖ ni ‖ ceux
qui ‖ des-cen-dent ‖ dans ‖ les ‖ lieux
pro-fonds.

  Mais ‖ nous ‖ qui ‖ vi-vons ‖ ren-
dons ‖ con-ti-nu-el-le-ment ‖ des ‖ ac-
ti-ons ‖ de ‖ grâ-ces ‖ au ‖ Sei-gneur
et ‖ re-con-nois-sons ‖ à ‖ ja-mais ‖ ses
fa-veurs.

  Gloi-re ‖ soit ‖ au ‖ Pè-re ‖ etc.

H Y M - N E.

CRé-a-teur ‖ ex-cel-lent ‖ de ‖ la
lu-mi-è-re ‖ qui ‖ pro-dui-sez
cel-le ‖ des ‖ jours ‖ pré-pa-rant
l'o-ri-gi-ne ‖ du ‖ mon-de ‖ par ‖ le
com-men-ce-ment ‖ d'u-ne ‖ clar-té
tou-te ‖ nou-vel-le.

Vous || a-vez || or-don-né || qu'on ap-pel-le-roit || jour || le || ma-tin || joint a-vec || le || soir || dé-brouil-lant || l'hor-ri-ble || con-fu-si-on || des || cho-ses en-ten-dez || nos || pri-è-res || qui || sont ac-com-pa-gné-es || de || lar-mes.

De || peur || que || l'es-prit || op-pri-mé || par || les || cri-mes || ne || soit pri-vé || des || bi-ens || de || la || vi-e tan-dis || que || ne || son-geant || point à || mé-di-ter || les || cho-ses || é-ter-nel-les || il || se || pré-ci-pi-te || dans || les li-ens || du || pé-ché.

Qu'il || pous-se || ses || dé-sirs || jus-que dans || le || Ciel || qu'il || rem-por-te le || prix || de || la || vi-e || é-vi-tons || tout ce || qui || lui || peut || ê-tre || con-trai-re et || par || u-ne || sain-te || pé-ni-ten-ce pur-geons || no-tre || a-me || de || tou-tes || ses || i-ni-qui-tés.

Fai-tes

Fai-tes-nous ‖ cet-te ‖ fa-veur ‖ Pè-
re ‖ très-saint ‖ vous ‖ son ‖ Fils
u-ni-que ‖ et ‖ vous ‖ Es-prit ‖ con-
so-la-teur ‖ qui ‖ ré-gnez ‖ à ‖ per-
pé-tu-i-té. ‖ Ain-si ‖ soit-il.

CAN-TI-QUE ‖ DE ‖ LA ‖ VI-ER-GE.

MOn ‖ a-me ‖ glo-ri-fi-e ‖ le
Sei-gneur.

Et ‖ mon ‖ es-prit ‖ s'est ‖ ré-jou-i
en ‖ Di-eu ‖ au-teur ‖ de ‖ mon ‖ sa-lut.

Par-ce ‖ qu'il ‖ a ‖ re-gar-dé ‖ fa-
vo-ra-ble-ment ‖ la ‖ pe-ti-tes-se ‖ de
sa ‖ ser-van-te ‖ et ‖ dès-là ‖ je ‖ se-rai
nom-mé-e ‖ bien-heu-reu-se ‖ dans
la ‖ sui-te ‖ de ‖ tous ‖ les ‖ â-ges.

Car ‖ le ‖ Tout-puis-sant ‖ a ‖ o-pé-
ré ‖ en ‖ moi ‖ de ‖ gran-des ‖ mer-
veil-les ‖ son ‖ nom ‖ est ‖ saint.

Sa ‖ mi-sé-ri-cor-de ‖ pas-se ‖ de

K

li-gné-e ‖ en ‖ li-gné-e ‖ en ‖ tous
ceux ‖ qui ‖ le ‖ ser-vent ‖ a-vec
crain-te.

Il ‖ a ‖ fait ‖ pa-roî-tre ‖ la ‖ for-ce
de ‖ son ‖ bras ‖ fai-sant ‖ a-vor-ter
les ‖ des-seins ‖ des ‖ su-per-bes.

Il ‖ a ‖ fait ‖ des-cen-dre ‖ les
puis-sans ‖ de ‖ leurs ‖ Trô-nes ‖ et ‖ a
é-le-vé ‖ les ‖ pe-tits.

Il ‖ a ‖ rem-pli ‖ de ‖ bi-ens ‖ les
né-ces-si-teux ‖ et ‖ a ‖ ré-duit ‖ les
ri-ches ‖ à ‖ la ‖ men-di-ci-té.

Il ‖ a ‖ pris ‖ en ‖ sa ‖ pro-tec-ti-on
son ‖ ser-vi-teur ‖ Is-ra-ël ‖ s'é-tant
res-sou-ve-nu ‖ de ‖ sa ‖ mi-sé-ri-cor-de.

Se-lon ‖ la ‖ pa-ro-le ‖ qu'il ‖ en
a-voit ‖ don-né-e ‖ à ‖ nos ‖ pè-res
à ‖ A-bra-ham ‖ et ‖ à ‖ tou-te ‖ sa
pos-té-ri-té ‖ pour ‖ ja-mais.

Gloi-re ‖ soit ‖ au ‖ Pè-re ‖ etc.

L'OFFICE

DE

LA VIERGE MARIE.

A MATINES.

SEIGNEUR, ouvrez, s'il vous plaît, mes lèvres.

Et ma bouche aussitôt annoncera vos louanges.

Mon Dieu, venez à mon aide. Seigneur, hâtez-vous de me secourir.

Gloire soit au Père, au Fils, et au Saint-Esprit.

Comme elle étoit au commencement, comme elle est maintenant, et comme elle sera toujours aux siècles des siècles. Ainsi soit-il.

PSEAUME 49.

VEnez, montrons la joie que nous avons au Seigneur; chantons la gloire de Dieu, qui est notre refuge; comparoissons devant lui, célébrons ses louanges, et faisons résonner les Cantiques dans notre alégresse. Je vous salue, Marie, pleine de grâce, le Seigneur est avec vous.

Car le Seigneur est le grand Dieu, et le grand Roi est au-dessus de tous les Dieux; il ne rebutera point son peuple; il tient en sa main les extrémités de la terre avec les abymes, et les montagnes les plus relevées sont à lui. Le Seigneur est avec vous.

La mer lui appartient, puisqu'il en est l'excellent ouvrier, et ses mains ont aussi formé la terre. Venez donc; et puisqu'il mérite des adorations, fléchissons les genoux en sa présence: versons des larmes devant le Seigneur qui nous a faits, car il est notre Dieu, et nous sommes les peuples qu'il regarde comme les brebis de sa bergerie. Je vous salue, Marie, pleine de grâce, le Seigneur est avec vous.

Que si vous écoutez aujourd'hui sa voix, n'endurcissez point vos cœurs, comme vous fites en la journée de contradiction qui arriva dans le désert, où ils m'éprouvèrent, et où ils virent mes œuvres. Le Seigneur est avec vous.

Ce peuple m'a offensé sans cesse par l'espace de quarante ans; de sorte que j'ai dit: Ce peuple se trompe toujours en son cœur, et il n'a point connu mes voies; aussi ai-je bien fait serment dans ma colère qu'ils n'entreront point dans le lieu de mon repos.

Je vous salue, Marie, pleine de grâce, le Seigneur est avec vous.

Gloire soit au Père, etc.

H Y M N E.

CElui-là que la terre, la mer, les Cieux révèrent, adorent et louent ; qui par sa puissance infinie gouverne ce grand Univers, les flancs de Marie ont eu l'honneur de le porter.

Les entrailles d'une Vierge féconde, comblée des grâces et des bénédictions du Ciel, contiennent celui à qui la Lune, le Soleil et toutes créatures obéissent.

Heureuse Mère à cause du précieux fruit qu'elle porte : son chaste ventre enferme, comme dans un tabernacle, celui qui a créé le monde et qui le soutient dans le creux de sa main.

Heureuse encore par l'ambassade que vous avez reçue du Ciel, ayant été rendue féconde par le Saint-Esprit : par votre consentement, le désiré des Nations a été envoyé au monde.

Donc à vous, Seigneur, né de la

Vierge , gloire soit donnée, comme au Père , au Fils, et au Saint-Esprit, aux siècles des siècles. Ainsi soit-il.

PSEAUME 8.

SEigneur , notre souverain Seigneur , que votre nom est grand et admirable, par toute la terre !

Votre magnificence est élevée par-dessus les Cieux.

Vous avez mis vos louanges dans la bouche des petits enfans qui sont encore à la mamelle, afin de remplir de confusion vos adversaires , et détruire les ennemis de votre gloire.

Car je considérerai les Cieux qui sont l'ouvrage de vos mains avec attention , et ensemble la Lune et les Étoiles que vous avez formées.

Mais qu'est-ce que l'homme pour vous souvenir de lui ? ou de quelles perfections est orné le Fils de l'homme pour être digne que vous lui fassiez l'honneur de le visiter ?

Car vous ne l'avez rendu qu'un peu inférieur aux Anges; vous l'avez couronné d'honneur et de gloire, et lui avez donné l'empire sur tous les ouvrages de vos mains.

Vous avez mis toutes choses sous ses pieds : les brebis, les bœufs et les troupeaux des champs reconnoissent sa domination et son pouvoir.

Et les oiseaux de l'air, les poissons de la mer et ceux qui se promènent dans les eaux.

Seigneur, notre souverain Seigneur, que votre Nom est grand et admirable par toute l'étendue de la terre !

Gloire soit au Père, etc.

PSEAUME 18.

LEs Cieux racontent la gloire de Dieu, et le Firmament publie l'excellence des ouvrages qui sont sortis de ses mains.

Le

Le jour qui passe , annonce ses merveilles au jour qui le suit, et la nuit apprend l'autre nuit à chanter ses louanges.

Il n'y a point de Nations ni de langues qui n'entendent leurs voix et leur langage.

Car le bruit qu'ils font va par toute la terre, et leurs paroles volent jusqu'aux extrémités du monde.

Le Seigneur a établi dans les Cieux la demeure du Soleil, où il paroît comme un époux bien paré, sortant de sa chambre nuptiale.

Il commence sa course gaiement : comme un prince fort et généreux, il sort de l'un des bouts des Cieux.

Et ayant continué son vaste tour jusqu'à l'autre extrémité, il n'a trouvé aucune créature qui n'ait senti sa chaleur.

La loi du Seigneur, qui est sans tache, attire les affections des belles

L

ames ; les promesses de Dieu sont certaines ; elles donnent la sagesse aux simples.

Sa justice infaillible donne de la joie à tous les cœurs : ses commandemens, qui sont purs, éclairent nos yeux obscurcis.

La crainte du Seigneur, laquelle demeure éternellement, est sainte : ses jugemens sont équitables, étant fondés dans sa justice infinie.

Ils sont beaucoup plus désirables que l'or, et que toutes les pierres précieuses : ils sont plus doux que le miel, et même que le miel le plus excellent.

C'est pourquoi votre serviteur les a toujours gardés, sachant qu'il y a de grandes récompenses pour ceux qui les observent.

Qui peut savoir le grand nombre de ses fautes ? Seigneur, lavez-moi de mes iniquités cachées, et ne permettez pas que votre serviteur devienne coupable des péchés d'autrui.

Si ces péchés ne me surmontent point, comme je serai sans tache, je serai alors aussi purgé de grands crimes.

Par ce moyen vous aurez agréable les paroles de ma bouche, et les pensées de mon cœur seront toujours bien reçues devant vous.

Seigneur, vous êtes mon espérance et mon Rédempteur. Gloire soit, etc.

PSEAUME 23.

LA terre est au Seigneur, et tout ce qu'elle contient, et toutes les créatures qui l'habitent.

Il a établi sur les mers le fondement de la terre; il l'a rendue habitable, en donnant des bornes à ses rivières.

Qui montera à la montagne du Seigneur? ou qui sera digne d'habiter dans son Sanctuaire?

Celui de qui les mains sont innocentes et le cœur net, qui ne passe point la vie dans la vanité, qui n'use point de sermens pour tromper autrui.

Celui-là recevra de grandes bénédictions du Seigneur, et il obtiendra miséricorde de Dieu son Sauveur.

Tels sont ceux qui cherchent Dieu, qui cherchent à paroître devant le Dieu de Jacob.

Ouvrez-vous donc, grandes portes, et vous aussi, portes éternelles du Ciel, puisque le Roi de gloire veut entrer.

Quel est ce Roi de gloire? C'est le Seigneur grand et puissant; c'est ce Seigneur si redoutable dans les combats.

Ouvrez-vous donc, grandes portes, et vous aussi, portes éternelles du Ciel, puisque le Roi de gloire veut entrer.

Mais enfin quel est ce Roi de gloire? Le Seigneur des armées est ce Roi tout environné de gloire.

Gloire soit au Père, etc.

PSEAUME 44.

MOn cœur m'inspire un bon propos; c'est de composer cet ouvrage à la gloire du Roi.

Ma langue imitera la légèreté de la main d'un habile Écrivain.

Vous surpassez toutes les beautés des hommes: les grâces sont répandues sur vos lèvres; c'est pourquoi Dieu vous a béni de toute éternité.

Mais, ô puissant Roi! mettez votre épée à votre côté.

Et tout éclatant de gloire, tendez votre arc: marchez en assurance, et vous régnerez.

A cause de la vérité, de la mansuétude et de la justice, votre bras fera réussir toutes vos entreprises par des exploits inouis.

Car la pointe de vos dards percera le cœur de vos ennemis, et rangera tous les peuple sous votre obéissance.

Mon Dieu, votre Trône est éternel, et votre sceptre est un sceptre d'une conduite bien douce.

Vous avez toujours aimé la justice, et avez eu en horreur l'iniquité ; pour ce sujet, Dieu vous a sacré d'une huile de liesse, plus excellente que celle qu'il a répandue sur vos associés.

La myrrhe, l'aloës et la casse font sortir une odeur agréable de vos vêtemens, que les filles des Rois tirent de leurs cabinets d'ivoire pour vous faire honneur.

La Reine plus belle que toutes les autres paroît à votre côté, vêtue d'une robe de fin or, diversifiée de pierres précieuses.

Écoutez, ma fille, ouvrez les yeux, et soyez attentive aux conseils que je vous donne ; oubliez votre peuple, et quittez la maison de votre père.

Le plus grand des Rois désire posséder les perfections que vous avez : il est le Seigneur et le Dieu que tous les peuple sont tenus d'adorer.

Les filles de Tyr, les peuples les plus opulens viendront implorer votre crédit, avec quantité de présens qu'ils vous feront.

Les plus grands ornemens de cette Princesse ne paroissent point au dehors ; sa robe est en broderie d'or, parsemée de couleurs et de fleurs tissues avec l'aiguille.

Les filles de sa suite, celles qui sont plus près de sa personne, auront l'honneur de vous être présentées.

Elles paroîtront devant vous avec alégresse, et elles entreront dans le Palais royal.

Au lieu de vos parens, vous aurez des enfans généreux, que vous établirez Princes sur la terre.

Ils se souviendront toujours de vous, et laisseront à la postérité des marques de votre gloire et de votre excellence.

Pour ce sujet les Peuples ne se lasseront jamais de vous louer dans la suite des siècles. Gloire soit, etc.

PSEAUME 45.

DIeu est notre refuge et notre force; il nous a secourus dans les dangers et afflictions qui nous environnent de toutes parts.

C'est pourquoi nous n'aurons aucune crainte, quand même la terre seroit toute émue, et que les montagnes iroient au fond de la mer.

Quand même les eaux seroient agitées par les tempêtes extraordinaires, et que les montagnes se renverseroient.

Le cours délicieux d'un fleuve embellit la sainte Cité : cette Cité, le Très-haut l'a sanctifiée pour en faire sa demeure.

Le Seigneur étant au milieu d'elle, elle ne sera point ébranlée, car il lui

donnera

donnera de secours quand elle en aura besoin.

Quand les peuples se sont bandés contre cette Cité, leurs Royaumes ont été presque ruinés au premier son de voix du Seigneur son protecteur.

Le Seigneur des armées est avec nous, le Dieu de Jacob est avec nous ; le Dieu de Jacob nous est un refuge assuré.

Venez donc, et considérez les ouvrages du Seigneur, qui fait tant de prodiges sur la terre, qui fait cesser les guerres jusqu'aux extrémités du monde.

Il rompt les javelots, met les armées en pièces, et jette les boucliers dans le feu.

Arrêtez-vous ici, dit-il, et considérez que je suis Dieu : je ferai connoître ma puissance à tous les peuples de la terre, et je serai glorifié par tout le monde.

M

Le Seigneur des armées est avec nous ; le Dieu de Jacob nous est un refuge assuré.

Gloire soit au Père, etc.

PSEAUME 86.

LES fondemens de Jérusalem sont jetés sur les montagnes saintes : le Seigneur aime plus les portes de Sion, que les tabernacles de Jacob.

Cité de Dieu, on a raconté de vous des choses bien glorieuses.

J'aurai mémoire de l'Égypte et de Babylone, puisqu'elles ont connu mon nom.

Ceux qui habitent la Palestine, les Tyriens et les Ethyopiens y seront bien venus.

Et quelqu'un dira parlant de Sion : Un homme excellent est né dans cette Cité, qui a été fondée par le Très-haut.

Le Seigneur écrira dans ses registres le nom des Peuples et des

Princes qui ont été assez heureux pour se trouver en icelle.

Que vous êtes une demeure agréable, sainte Cité, puisque tous vos habitans sont remplis de joie et de vertus !

Gloire soit au Père, etc.

PSEAUME 95.

CHantez un Cantique nouveau à la louange du Seigneur : récitez des Hymnes à sa gloire, vous peuples de la terre.

Chantez des airs à son honneur, et donnez à son saint nom les louanges qu'il mérite : annoncez de jour en jour l'histoire de ses bienfaits.

Publiez ses actions glorieuses parmi les Nations, et racontez à tous les peuples les merveilles de sa puissance.

Car le Seigneur est grand, et digne d'un suprême honneur; il est lui seul plus redoutable que tous les autres Dieux.

Les Dieux que les peuples adorent sont des noms vilains : mais notre Dieu a fait les Cieux.

Les grâces et la beauté l'environnent de toutes parts : la sainteté et la magnificence sont les plus beaux ornemens de son Sanctuaire.

Peuples et Nations, apportez au Seigneur la gloire et l'honneur dont il est digne ; rendez au nom du Seigneur quantité de bénédictions.

Venez lui apporter vos offrandes dans son Temple : adorez le Seigneur dans son Sanctuaire.

Que tout l'univers tremble devant sa face : faites savoir aux peuples que le Seigneur tient les rênes de l'Empire du monde.

Car il a si bien assuré les fondemens de la terre, qu'ils ne seront jamais ébranlés ; il gouvernera et il jugera tous les peuples selon la justice.

Que les Cieux et la terre s'en réjouissent ; que la mer, et tout ce qu'elle enferme, en sente des émotions d'allégresse ; que les champs, et tout ce qu'ils contiennent, soient transportés d'une joie pareille.

Et que tous les arbres des forêts se réjouissent en la présence du Seigneur qui est venu au monde, parce qu'il est venu au monde pour le gouverner.

Il jugera tout le monde avec justice, et rendra à tous les peuples selon l'infaillibilité de ses promesses.

Gloire soit au Père, etc.

PSEAUME 96.

LE Seigneur gouverne le monde ; que toute la terre s'en réjouisse, et que les îles de la mer soient aussi joyeuses.

Il y a des images et des ombres épaisses qui nous le cachent : toutefois son Trône est fondé sur la justice et sur l'équité.

Il fera aller le feu devant lui, pour réduire en cendres ses ennemis qui l'environnent.

Il jettera tant d'éclairs dans le monde, qu'en étant ébloui, il tremblera de frayeur.

Les montagnes se fondront comme la cire en la présence du Seigneur, à l'aspect du Dominateur de l'univers.

Les Cieux annonceront sa justice, et il n'y aura point de peuple qui ne voie les grandeurs de sa gloire.

Que ceux-là soient donc remplis de confusion et de honte, qui mettent leur espérance en leurs faux Dieux et vaines Idoles.

Adorez ce Seigneur tout-puissant, vous qui êtes ses Anges : ce que Sion ayant entendu, elle s'en est réjouie.

Les filles de Juda ont témoigné leur joie, en voyant que vos jugemens, Seigneur, ont exterminé l'impiété.

Parce que vous êtes le Très-haut qui exercez un empire absolu sur toute la terre : vous êtes sans comparaison plus grand que tous les autres Dieux.

Vous donc qui aimez le Seigneur ayez le mal en horreur : ce Seigneur garde soigneusement les ames qui lui sont consacrées, et les délivre de la persécution des méchans.

La lumière se répand sur les justes, et la véritable joie comblera le cœur des gens de bien.

Réjouissez-vous au Seigneur, vous tous qui êtes justes, et le remerciez des bienfaits que vous en avez reçus.

Gloire soit au Père, etc.

PSEAUME 18.

CHantez un Cantique nouveau à la louange du Seigneur, car il a fait des choses admirables.

Il a établi le salut par sa puissance et par la force de son saint bras.

Le Seigneur a fait connaître l'excellence de notre rédemption, et a signalé sa justice parmi les peuples.

Il n'a point perdu la mémoire de ses miséricordes, non plus que des promesses qu'il a faites à la maison d'Israël

Par toute la terre, on ne peut douter que notre Dieu n'ait fait connoître son salut.

Composez des Hymnes, chantez à la gloire de Dieu, vous peuples qui habitez tout l'univers.

Faites des concerts avec les harpes et toutes sortes d'autres instrumens, joignant vos voix à leur mélodie : faites sonner les trompettes et les cornets.

Faites connoître votre joie en la présence du Seigneur, monarque de l'univers ; que la mer, et tout ce qu'elle enferme, en sente des émotions de joie ; que le rond de la terre s'en réjouisse pareillement.

Que

Que les fleuves applaudissent en la présence de ce Seigneur par le murmure de leurs eaux ; que les montagnes montrent aussi des signes de joie, puisqu'il est venu juger la terre avec justice.

Il jugera tout le monde avec justice, et les peuples selon l'équité.

Gloire soit au Père, etc.

ABSOLUTION.

QUe par les prières et par les mérites de la bienheureuse Marie toujours Vierge, de tous les Saints, il plaise à Notre-Seigneur nous conduire au Royaume des Cieux.

LEÇON I.

EN toutes choses j'ai cherché mon repos ; mais enfin je demeurerai dans l'héritage du Seigneur. J'achevai ce propos, quand le Créateur du monde, celui même qui est l'auteur de mon être, et qui a reposé en mon tabernacle, me fit l'honneur de me commander, en me disant : Habite en la maison de Jacob, et prends tes héritages en Israël, jetant des racines profondes entre mes élus. Mais vous, Seigneur, ayez pitié de nous.

Leçon II.

Ainsi j'ai fait mon séjour en Sion, je me suis pareillement reposée en la sainte Cité, et j'ai établi ma puissance en Jérusalem, poussant par ce moyen des racines profondes entre un peuple comblé de bénédictions célestes, lequel a son hérédité en la part de Dieu ; et entre la multitude des Saints sera ma demeure à jamais. Mais vous, Seigneur, ayez pitié de nous.

Leçon III.

J'Ai été élevée comme le cèdre au Liban, et comme le cyprès en la montagne de Sion : j'ai été élevée comme les palmes de Cadés , ou comme les rosiers qui sont plantés en Jéricho , comme la belle olive dans les campagnes , et comme le peuplier qui s'éloigne de son tronc auprès des eaux le long des grands chemins.

J'ai répandu une odeur comme de la cannelle et du baume aromatique ; ni plus ni moins que la myrrhe choisie j'ai fait sentir la douceur de mes parfums. Mais vous, Seigneur, ayez pitié de nous.

HYMNE

De S. Ambroise et de S. Augustin.

NOus vous louons, Dieu tout-puissant ; nous confessons que vous êtes le Seigneur de l'Univers.

Vous, Père Éternel, que toute la Terre adore.

Tous les Anges sont les fidèles exé-

cuteurs de vos volontés; les Cieux
et ses puissances vous adorent et
craignent.

Les Chérubins et les Séraphins
chantent perpétuellement cet hymne
en votre honneur.

Saint, Saint, Saint est le Seigneur
Dieu des armées.

Les Cieux et la Terre sont remplis de la grandeur de votre gloire.

Vous êtes exalté par la glorieuse
compagnie des Apôtres.

La véritable multitude des Pro-
phètes récite des hymnes pour vous
honorer.

L'innocente et nombreuse armée
des Martyrs célèbre vos louanges.

Et la sainte Eglise vous confesse
par tout le rond de la Terre.

Le Père Eternel, qui est d'une
grandeur incompréhensible.

Le vrai et unique Fils, engendré
de la substance du Père.

Et le Saint-Esprit paraclet, qui procède du Père et du Fils.

Vous, Christ, qui êtes le Roi de gloire.

Vous, qui êtes le Fils éternel du Père.

Vous, qui pour délivrer l'homme de la servitude, avez voulu vous faire homme, et n'avez point dédaigné le sein d'une Vierge.

Vous, qui après avoir rompu l'aiguillon de la mort, avez ouvert aux croyans le Royaume des Cieux.

Vous, qui êtes assis à la droite de Dieu en la gloire du Père.

Et qui devez un jour venir juger le monde.

Nous vous supplions de subvenir par votre assistance à vos serviteurs, que vous avez rachetés par votre précieux sang.

Faites, s'il vous plaît, qu'ils soient comptés dans la gloire au nombre de vos Saints.

Sauvez votre peuple, Seigneur, et comblez de grandes bénédictions votre héritage.

Prenez le soin de nous conduire, et ne vous lassez jamais de nous favoriser.

Nous employons tous les jours à vous remercier de vos bienfaits.

Nous louons sans cesse votre nom, et nous le louons à jamais.

Préservez-nous, s'il vous plaît, Seigneur, de tomber cette journée en péché.

Ayez pitié de nous, Seigneur, ayez pitié de nous.

Et comme nous avons espéré en votre bonté, faites que nous sentions les effets de votre miséricorde.

En vous, Seigneur, j'ai mis mon espérance, ainsi je ne recevrai jamais de confusion.

Gloire soit au Père, etc.

FIN.

L'HOMME PARFAIT.

Rendez au Créateur tout ce qu'on doit lui rendre.
Réfléchissez toujours avant que d'entreprendre.
Point de société qu'avec d'honnêtes gens.
Ne vous enflez jamais de vos heureux talens.
Conformez-vous souvent aux sentimens des autres :
Cédez modestement si l'on combat les vôtres.
Donnez attention à tout ce qu'on vous dit ,
Sans affecter jamais d'avoir beaucoup d'esprit.
N'entretenez personne au-delà de sa sphère ,
Et dans tous vos discours soyez toujours sincère.
Tenez votre parole inviolablement ,
Et ne promettez pas inconsidérément.
Soyez officieux, complaisant , doux , affable ,
En vous montrant toujours d'un abord favorable ;
Sans être familier ayez un air aisé ,
Ne décidez de rien qu'après l'avoir pesé.
Aimez sans intérêt, pardonnez sans foiblesse.
Soyez soumis aux grands sans aucune bassesse.
Cultivez avec soin l'amitié d'un chacun ,
A l'égard des procès n'en intentez aucun.
Ne vous informez point des affaires des autres ,
Avec attention attachez-vous aux vôtres.
Prêtez sans intérêt , mais toujours prudemment ;
S'il faut récompenser faites-le noblement.
Et de quelque façon que vous vouliez paroître ,
Que ce soit sans excès et sans vous méconnoître.
Compatissez par-tout aux disgrâces d'autrui ,
Supportez ses défauts , soyez fidelle ami.
Surmontez les chagrins ou l'esprit s'abandonne,
Sans le faire jamais rejaillir sur personne.
Où la discorde règne , établissez la paix ,
Et ne vous vengez point qu'à force de bienfaits.
Reprenez sans aigreur , louez sans flatterie ,
Riez honnêtement , entendez raillerie.

Estimez un chacun dans sa profession,
Et ne critiquez rien par ostentation.
Ne soyez pas ingrat, payez toutes vos dettes,
Sans jamais reprocher le plaisir que vous faites.
Prévenez-les besoins d'un ami malheureux,
Sans prodigalité montrez-vous généreux.
Modérez les transports d'une bile naissante ;
Jamais ne parlez mal de la personne absente.
Ménagez votre bien, et vivez sobrement,
Ne vous fatiguez point sur le gouvernement.
Dans la perte ou le gain suivez la loi divine,
Au jeu, que l'intérêt jamais ne vous domine.
Toujours, dans vos discours, modeste, retenu,
Que rien sur vos devoirs ne vous soit inconnu.
Parlez peu, parlez bien, et ne trompez personne,
Et faites toujours cas de tout ce qu'on vous donne.
Loin de tyranniser le pauvre débiteur,
De sa tranquillité soyez plutôt l'auteur.
Au bonheur du prochain ne portez point envie,
Ne divulguez jamais ce que l'on vous confie.
Gardez votre secret, ne vous vantez de rien,
Vous serez le portrait du sage et du Chrétien.

CHRÉTIEN, souvenez-vous que vous avez aujourd'hui Dieu à glorifier, Jésus-Christ à imiter, l'esprit de grâce à invoquer.

Les Saints à prier, l'Église du Ciel à honorer, celle du Purgatoire à assister.

Le prochain à édifier, les démons à combattre, le monde à mépriser.

Des vices à détruire, des vertus à acquérir, des saints désirs à fortifier.

Des péchés à expier, des passions à vaincre, des fautes à pleurer.

Un corps à mortifier, un temps à ménager, et une éternité à méditer.

Faites cela, et vous vivrez. *Saint Luc, Chap. X.*

Seigneur, apprenez-moi à faire votre volonté ; car c'est vous qui êtes mon Dieu. *Pseaume CXLII.*

www.ingramcontent.com/pod-product-compliance
Lightning Source LLC
Chambersburg PA
CBHW052136090426

42741CB00009B/2099